打动人心的
销售情商

潘鸿生◎编著

北京工业大学出版社

图书在版编目（CIP）数据

打动人心的销售情商／潘鸿生编著. —北京：北京工业大学出版社，2017.1（2022.3 重印）
ISBN 978-7-5639-5018-8

Ⅰ.①打…　Ⅱ.①潘…　Ⅲ.①销售－基本知识
Ⅳ.①F713.3

中国版本图书馆 CIP 数据核字 (2016) 第 279241 号

打动人心的销售情商

编　　著：潘鸿生
责任编辑：杜曼丽
封面设计：胡椒书衣
出版发行：北京工业大学出版社
　　　　　（北京市朝阳区平乐园 100 号　邮编：100124）
　　　　　010-67391722（传真）　　bgdcbs@sina.com
经销单位：全国各地新华书店
承印单位：唐山市铭诚印刷有限公司
开　　本：787 毫米 ×1092 毫米　1/16
印　　张：14
字　　数：173 千字
版　　次：2017 年 1 月第 1 版
印　　次：2022 年 3 月第 4 次印刷
标准书号：ISBN 978-7-5639-5018-8
定　　价：39.80 元

前　　言

　　销售的过程是人与人之间沟通的过程，宗旨是动之以情，晓之以理，使客户购买到称心如意的商品。成功的销售员都知道：销售拼的不仅是硬技巧，而且更是销售情商！

　　很多有过销售经历的人都有这样一种感慨：做好销售工作不容易。的确，销售是一个极具挑战性和复杂性的工作。说它具有挑战性，是因为在做销售之前，销售人员就要学会努力说服自己、战胜自己，并且要有勇有谋地应对陌生的客户群；说它具有复杂性，则体现在它汇集了营销学、管理学、心理学、经济学、人际交往学等众多学科的知识，而且要时刻与形形色色的人打交道，这些常令很多销售新手头疼不已。

　　事实上，成功的销售并没有想象中那么困难，关键就是你要具备销售的精髓——销售情商。销售的本质就是通过自己的口才说服客户，从而达到成交的目的。只要你拥有销售情商，掌握了一些技巧和诀窍，并努力地把它运用到实际的销售中去，就能成为一个所向披靡的销售高手。哪怕是刚入行的

新人，也一样能够成为一流的销售人才。

世界上没有天生的销售高手，任何销售高手都是通过训练之后才成长起来的，因为销售本来就是一门学问，销售情商也如此。那么，怎样拥有并提高自己的销售情商，成为一名成交高手？怎样顺利获得一份订单？怎样使少量的订单变成更多的订单？怎样秒杀每一个客户的订单？

本书从自我修炼、注意形象、拜访客户、有效沟通等八个方面，对销售工作中常见的提升自己、客户心理、客户维护、谈判技巧等问题都做了详尽的阐述，并给出了行之有效的指导方法。

销售情商是销售能力的体现，也是销售人员必备的素质。本书内容深入浅出，在理论的基础上，将经典案例与操作方法相结合，揭示了情商对销售工作的影响和作用，强调销售情商的重要性。本书从销售人员及销售行业中常见的困境入手，以事例做对比将销售困境出现的原因进行深刻剖析，并结合各种销售问题给出了对应的解决方法，让读者看清销售误区，从自身情绪管控入手，改善目前的销售现状，取得辉煌的销售业绩。

目　　录

第一章　自我修炼，培养销售成功的能力

第二章　注意形象，让自己看起来更像个销售人员

第三章　拜访客户，好的开始是成功的一半

第四章　有效沟通，拉近彼此间的距离

第五章　学会谈判，获得双赢，成交更长久

第六章　注重细节，让客户和你做长久的生意

第七章　善于沟通，赢得客户的心

第八章　积累人脉，销售就是交朋友

第一章　自我修炼，
培养销售成功的能力

推销产品，其实就是在推销你自己

世界上最伟大的销售人员乔·吉拉德曾说："推销的要点是，你不是在推销商品，而是在推销你自己。"他甚至还撰写了一部名为《怎样销售你自己》的著作，来专门阐述他的这一经典理念。

销售强调的一个基本原则是：推销产品之前，首先要推销你自己。所谓对客户推销你自己，就是让他们喜欢你，相信你，尊重你并且愿意接受你。换句话说，就是要让你的客户对你产生好感。很多时候，销售人员就像是一件又一件的商品，有的相貌端正、彬彬有礼、态度真诚、服务周到，是人见人爱的抢手商品，所有的客户都喜欢；有的衣衫不整、粗俗鲁莽、傲慢冷淡、懒懒散散，就会令客户讨厌，甚至避而远之。

被称为汽车销售大王的世界基尼斯纪录创造者乔·吉拉德，曾在一年中销售汽车1600多部，平均每天将近五部。他去应聘汽车销售员时，经理问他："你销售过汽车吗？"乔·吉拉德回答说："我没有销售过汽车，但我销售过日用品、家用电器。我能成功地销售它们，说明我能成功地推销自己。我能将自己推销出去，自然也能将汽车销售出去。"

销售是一门艺术，做销售，要懂得如何推销自己，才能销售你的产品。

将自己推销给别人是你成功销售的第一步，你要特别注意的是你给别人留下的第一印象是不是足够好。

销售行业是人与人打交道的行业，是你主动寻找客户的事业，如果客户连你这个人都无法接受、信赖，他就不可能成为你的客户。

有一个保险销售人员，在他最初从事这一行业的时候，每次出去拜访客户，推销各式各样的保险，总是失败而归，尽管他也很努力。

后来这个销售人员开始思考，究竟是什么原因导致自己失败，为什么客户总是不能接受自己……在确定自己推销的产品没有问题后，那就说明是自己身上的缺点让客户不喜欢，因此导致客户拒绝接受自己的产品。为此，这个销售人员开始进行自我反思，找出自己的缺点，并一一改正。为了避免当局者迷，他还邀请自己的朋友和同事定期聚会，一起来批评自己，指出自己的不足，以便自己改进。

在第一次聚会的时候，朋友和同事就给他提出了很多意见，比如：性情急躁，沉不住气；专业知识不扎实，应该继续学习；待人处事总是从自己的利益出发，没有为对方考虑；做事粗心大意，脾气太坏；常常自以为是，不听别人的劝告；等等。这个销售人员听到这样的评论，不禁感到汗颜，原来自己有这么多的毛病啊，怪不得客户不喜欢自己。于是他痛下决心，一一改正，而且他还把这样的聚会坚持办了下来，然而他听到的批评和意见却越来越少了。与此同时，在保险销售方面，他签的单子越来越多，并且受到了越来越多客户的欢迎。

可见，在销售活动中，销售人员推销自己和自己销售的产品同等重要，把自己包装好，让客户喜欢，客户才有可能购买你的产品。

总之，要想让客户接受你的产品，首先就要让客户认同你，相信你，这就需要首先推销自己，也就是人们所说的"把自己卖出去"。如果没有推销好自己，即使再好的产品，恐怕也不会引起客户的兴趣。至于怎样推销自己，每个销售人员都有自己的方法和销售技巧，无论是内在的提升还是外在的包装，对推销自我都是很重要的。

展示灵活的应变能力

销售之前做好必要的准备，是销售高手的共性。但是，这也不等于一定要把销售过程想得越具体越好，并一定要按照计划执行，因为事物总是多变的，销售现场总会出现一些无法预料的情况。所以，一个优秀的销售人员还要拥有灵活的应变能力。

对销售人员来说，应变能力是其要具备的最起码的素质，是确保销售获得圆满成功的一个先决条件。在日常工作中，销售人员所接触的客户是十分广泛和复杂的，什么样的客户都有，其中不乏一些固执的、冷漠的、倔强的、蛮横的、傲慢的客户，如果没有灵活的应变能力，那么就很难应对不同

客户的要求。这样就会给销售工作带来很大的阻碍和损失。

销售人员应变能力是非常重要的，虽然随机应变没有什么定式，但是却可以在突发事情面前，巧妙地避开和化解不利因素，抓住有利因素，从而帮助销售人员做到不因为意外事件而影响成交，甚至能扭转劣势，促成交易。

要有效地发挥自身的应变能力，销售人员就不能仅仅死板地例行公事、墨守成规，而应该善于发现新情况、新问题，从销售实践中总结新经验。对于销售工作中遇到的新事物、新问题，销售人员能够认真分析、勇于开拓，大胆提出新设想、新方案；在突发事件面前要沉着冷静，理性处理，想方设法化解不利因素，而不是盲目行事。

在销售过程中，如果你遇到下面的情况，你怎么处理？

当你正在和一位新客户洽谈生意，突然，一位老客户打来了电话。他告诉你，撤销以前答应你的购买许诺。很显然，这时你肯定有着双重的压力，既想跟老客户挽回败局，又怕在新客户面前泄露推销失利的信息。面对这种局面，如果你惊慌失措，或对着电话与老客户大叫大嚷，斥责他言而无信，那就太愚蠢了。结果只能是留不住老客户，又赶跑了新客户，鸡飞蛋打。

对于一个优秀的销售人员来说，他是绝对不会这样做的。他肯定会客气地对老客户说："这没关系，不过，我现在正在与一位朋友谈要紧事，我们明天见面再详细谈谈，你看怎样？"这的确是一种理智而聪明的做法，被称之为"应付周旋法"。这种做法的高明之处在于：左右逢源。在一般情况下，老主顾听了这样的话后，是不会跟在电话中继续纠缠下去的，他就会答应你的请求。这样一来，你就又有了一个跟他谈判，以期维持原有交易的机会；而另一方面，新客户不仅会为你重视他而高兴，也会为你因他而拒绝一次约会而感到歉意，这非常有益于你与他达成交易，真是一箭三雕。而这就是随机应变的结果。

由此可见，在销售的过程中，销售人员懂得随机应变是非常重要的。

在销售过程中，销售人员总会遇到千变万化的情况，这就要求销售人员要沉着冷静、机制灵活地逐一处理，把不利的突发因素消解，甚至化为有利的因素，同时又绝不放过任何一个有利的突发因素为自己的销售增加砝码。

美国营销学家卡塞尔说："生意场上，无论买卖大小，出卖的都是智慧。"而销售人员的应变能力就是一种智慧的体现，没有智慧，也就不会拥有这种神奇的能力。

销售人员在销售过程中会遇到千奇百怪的人和事，如拘泥于一般的原则不会变通，往往导致销售失败。所以，对于突发事件如何处理，直接关系到销售活动能否顺利地摆脱僵局，走出低谷。在突发的事情面前，销售人员要展示自己灵活的应变能力，沉着处理，避开和化解不利因素，抓住有利因素，使意外事件不影响成交，甚至能促成交易。

不断学习新知识，充实自己

当今世界，知识日新月异，人们对其他行业的知识知之较少，所以不论当你购买一些日用品还是房子、汽车的时候，都十分需要别人为你提供顾问般的服务，都需要专业人士帮助解答相关问题。知识对于一个销售人员来讲，不仅仅是博得客户好感的基础，其更深层的意义在于，只有具备

渊博的知识才能更好地为客户服务，才能真正急用户之所急，想用户之所想。

　　小秦是一位销售人员，有一定的经验，因此他在进入一家销售语言教材的公司以后，总觉得自己应该拿高工资，应该被提拔，但是却一直没有如愿，因此他有些愤愤不平，对工作也不尽心。后来有一件事，彻底改变了他的想法。

　　一次他在电话里向一位客户推销"在短期内必能说流利英语"的语言磁带，尽管他把自己的产品夸得天花乱坠，并且推销的技巧也很高明，但是说了半天，却丝毫没有引起客户的兴趣。小秦仍然不肯死心挂断电话，这时客户有些不耐烦了，他对小秦说："如果你能把你刚才的话用英语重复一遍给我听，我就购买你们的英语磁带。"这时小秦一下子傻眼了，让自己用英语做简单的交流都难，怎么可能把自己刚才说的那么多话都用英语说出来呢！他愣了一会儿，咔嚓一下把电话挂断了。自己推销的商品是让人短期内说一口流利的英语，而自己却根本说不成流利的英语，怎么能让客户相信，怎么能说服客户购买自己的产品呢？

　　经此一事，小秦开始认真地进行自我反思。他认识到，要想成为一位出色的销售人员，要想顺利地说服客户，就必须让自己看起来很棒，要对自己的推销业务有足够的把握，也就是说要说服客户购买自己的让人在短期内必说流利英语的语言磁带，最起码作为销售人员，自己应该能够说一口流利的英语，这样才能让客户信服。于是小秦自己先买了一套语言磁带，并下苦功认真地学习，很快他就成了英语口语高手。此外他还学习了日语、韩语，并时刻积极地了解行业的最新发展状况，发现自己商品的优势，并且充满自信地去推销。

一次偶然的机会，他又一次联系到之前拒绝他的那位客户，这次小秦的表现令客户大吃一惊，不禁对他肃然起敬，并由衷地赞叹道："你真棒，我很佩服你。"最后他们之间建立起了长久的合作关系，那位客户还主动帮助他推销。

小秦过硬的素质受到了很多客户的敬佩，与他接触过的客户都会夸奖他很棒。很快小秦就因为表现突出，被提升为销售主管，但是他一直牢记那次的教训，总是时刻提醒自己："要不断学习新知识。"

时代不断地变化，客户不断地成长。在这个飞速发展的时代，除了变化，没有什么东西是不变的。而学习则是让销售人员了解外部世界、跟上客户步伐最有效的途径。这就要求销售人员要树立终身学习、不断充电的观念，随时掌握现代市场营销方面的新知识、新理论和新方法，以适应激烈的市场竞争，保持一种时刻创新、不断创新的品质。

著名推销大师原一平谈成功心得时说："我的成功并不是因为我是天才，是因为我善于学习，我知道每天太阳升起的时候就该起床，我不能睡懒觉。生命就是不停地奔跑，不停地追求。" 销售人员不能只是夸夸其谈，要有真才实学，这样才能做到"真金不怕火炼"，表面上说得天花乱坠，而自己却没有真才实学，一旦被客户提问，便会无以应对。因此，销售人员绝不能眼高手低、掩耳盗铃。对于销售人员来说，拥有过硬的业务水准和高超的职业技能是十分重要的。没有哪位客户会喜欢那些眼高手低腹中空的、没有才学的销售人员。没有才学，也就没有了吸引客户的资本，无法得到广大客户的认可。

"活到老，学到老"，人生是一个不断充实自我、完善自我的过程。在

销售这一行中，出类拔萃者无一不是拥有广博学识的人。真正优秀的销售人员，永远不会认为自己已掌握了所有应当掌握的知识。任何浅尝辄止、学而满足的人都是无知的，而无知将直接影响工作效率。

任何人的学习都应该是终身的，即便一个人博学多才，学富五车，仍有未涉及的领域，仍有无法解答的问题。销售人员应该从各方面不断丰富和完善自己，千万不要"白首方悔读书迟"。人的生命是有限的，但知识却是无限的，因而学无止境，任何人要想成功都不能停止前进的步伐。

事实上，每个人都喜欢专业的人士，谁都不愿意让一个不专业的医生来给他做手术。销售也一样，一个专业的销售人员才能够得到客户的认可，所以，销售人员应该努力学习，让自己更专业一点。

（1）销售人员应详细了解自己所销售产品的相关知识，诸如原材料及主要部件的质量、生产过程及生产工艺技术，产品的性能、产品的使用、产品的维修与保养、产品的售后保证措施等。同时，还要了解与之竞争的产品的相关知识。"知己知彼"，才能"百战不殆"！

如果一个销售人员不了解这些知识，当客户夸大另一种产品的优点或受到竞争对手的诱导时，销售人员就会很被动。如果能准确判断客户说的话，销售人员就能掌握沟通的主动权，敢于坚持自己提出的条件。

（2）销售人员要掌握一定的企业知识，包括本企业在市场中所处的地位，企业产品的竞争优势与劣势如何，企业产品的售后服务情况等。

（3）销售人员还必须掌握与专业知识相关的内容，比如：法律、股票、财会方面的知识，还应该在社会学的范围内，研究人的行为模式、习惯以及不同年龄反映在性格上的差异，等等。

总之，销售人员要不断地提高自身的学识和修养，最起码应该熟练地掌握自己最基本的业务知识，这样在客户面前才不会显得外行。如果销售人员知识渊博，对什么都能说得头头是道，那么不仅可以找到与客户的共同语言，还能够用自己的才华来征服客户，让客户诚心佩服，那么销售产品也就是顺理成章的事情。如果一个销售人员对自己产品或者业务都不熟悉，那么怎么可能让客户信服。因此销售人员在客户面前一定要表现得很棒、很优秀，只有这样，才能赢得客户的信赖。

自信，能赢得客户的认可

　　销售工作难做，是一个不可否认的现实状况，这给销售人员本身也造成了很大压力，使销售人员受到了很多的挫折和打击，所以在对待销售工作上，很多销售人员失去了原有的自信，而变得胆小、自卑、恐惧，从而导致销售的失败。缺乏自信成为销售人员失败的一个重要原因，想想看，如果一个销售人员对自己都表示怀疑，那么怎么能够赢得客户的认可和信任？

　　自信是发自内心的自我肯定和相信自己，是一种积极的心态，是获取销售成功的最重要的精神力量。伟大的推销大师乔·吉拉德曾经说过："信心是销售员胜利的法宝。"自信在销售过程中起着至关重要的作用，是销售人员坦然地面对客户并赢得客户的最有效的资本。

　　在销售过程中，自信是促使客户购买你商品的关键因素。自信会使你的销售变成一种享受，能使你把销售当作愉快的生活本身，你会在自信的销售

工作中，对自己更加满意，更加欣赏自己。要想成为优秀的销售人员，你要时刻怀有这样的信念——"我一定能成为公司的第一名，一定能达到自己的目标"。坚持这样的信念去行动，你就能克服一切困难，不辞劳苦，勇往直前，最终达成胜利的巅峰。

当你和客户会谈时，言谈举止若能露出充分的自信，则会赢得客户的信任，客户信任了，他们才会相信你的产品，从而心甘情愿地与你建立合作关系。通过自信，才能产生信任，而信任，则是客户购买你的产品的关键因素。

自信是一个人积极向上的表现，也是一种使人积极向上的力量。自信是销售人员所必须而具备的品质，也是最不可或缺的一种气质。你只有对自己充满自信，在客户面前才会表现得落落大方，胸有成竹，你的自信才会感受染、征服客户，从而使他对你销售的产品充满信任。

在销售界流行着这样一句话："没有卖不出去的产品，只有卖不出产品的人。"销售人员要想在销售过程中获得成功，就必须拥有自信，相信自己一定能把产品卖出去。这是销售人员一切工作和行动的指南，也是销售人员获得成功的基本保证。

销售是信心的传递，是情绪的转移。如果你对产品非常有信心，你满脑袋都是知识，你就能毫无保留地介绍你的产品，那你想不成功都很难。所以说，如果你认为你自信，天下就没有卖不出去的产品；如果你认为你没有自信，你就根本不可能把产品卖出去。

当面对拒绝与失败的时候，销售人员更要表现得充满自信。销售人员需要时刻微笑着告诉自己：没关系，下次再来，拒绝是销售的开始。要轻松面对，然后客观地总结、分析销售过程的成败得失，为重新赢得秒杀客户的订单创造机会，树立信心。

相信自己是一种力量，更是一种赢得别人尊重的人格魅力。有这样一个道理：不是因为有些事情难以做到，我们才失去自信，而是因为我们失去自信，有些事情才显得难以做到。所以销售人员一定要有信心，对自己的公司充满信心，对推销的产品充满信心，对自己的能力充满信心，对美好的未来充满信心，不管面对什么样的客户，都要在心里告诉自己"我一定能够说服他们"，然后信心百倍地去敲开客户的门，那么成功就在你的面前。

口到财来，好口才成就好的业绩

俗话说得好："买卖不成话不到，话语一到卖三俏。"是否具备一流的口才，对销售人员的成功来说最为关键。只有有了好口才，才能够让客户感受到你的自信和魅力，才乐意购买你的产品。好的口才能够充分展示一个销售人员的个人魅力，同时也给自己的客户带来愉悦的享受。

卖辣椒的人，恐怕经常碰到这样一个众所周知的热点问题，那就是经常会有买主问"你这辣椒辣不辣"，这个问题不好回答，如何解决客户关心的热点问题？

如果卖辣椒的人说"辣"吧，也许买辣椒的人是个怕辣的，马上就走人了；但是如果卖辣椒的人说"不辣"吧，也许买辣椒的人是个喜欢吃辣的，生意还是做不成。

一天，有一个卖辣椒的妇女倚在三轮车旁，这时，来了一个买主，问："你的辣椒辣吗？"卖辣椒的妇女非常肯定地告诉他："颜色深的辣椒辣，颜色浅的辣椒不辣！"买主挑好了颜色浅的辣椒后付钱，满意地走了，最后，颜色浅的辣椒就所剩无几了。

过了一会儿，又有一个买主来了，问："你的辣椒辣吗？"

"长的辣椒辣，短的辣椒不辣！"卖辣椒的妇女回答说。

于是，买辣椒的人就按照她的分类标准开始挑起来。这一轮的结果是，长的辣椒很快就卖没了，剩下的都是深颜色的短辣椒。

随后，又有买主来了，问："你的辣椒辣吗？"

"硬皮的辣，软皮的不辣！"卖辣椒的妇女信心十足地回答。

最后，又有买主来了，问："你的辣椒辣吗？"

"带茎的辣，不带茎的不辣！"卖辣椒的妇女回答……转眼半天的工夫，辣椒全部卖没了，卖辣椒的妇女面带笑容满意地回家了。

作为一名销售人员，不仅需要有精明的头脑，也需具备良好的口才。俗话说："买卖不成话不到，话语一到卖三俏。"好口才是销售成功的有力保证。

最终交易的成功，往往靠的都是"会说话"这三个字。有丰富经验的销售专家认为："无法进一步说服客户购买产品的销售人员不能算是真正的销售人员，他们顶多只能算是爱说闲话的'长舌妇'！"

在销售过程运用什么样的语言可以很好地打动客户，让客户在你的声音里跟随你的思路思索呢？

一、销售员的语言修炼

1.注意语言的礼貌性

销售人员的语言礼貌性主要表现在敬语的使用上。敬语的最大特点是彬彬有礼、热情庄重。

（1）答询用语。当回答客户的询问时，销售人员要做到热情、有礼貌，口齿清晰，语气委婉。无论是客户提出什么样的问题和要求，都不允许销售人员表情冷漠、有气无力，或不懂装懂、答非所问。

（2）道歉用语。在使用道歉用语时，销售人员应做到态度诚恳、语气温和，用自己的诚心实意取得客户的谅解。不能推脱责任，也不能得理不让人，更不能有戏弄客户的行为。

（3）解释用语。当客户提出的一些要求无法满足，或者是在工作中出现了某些问题时，就应该对客户进行解释。解释时，要耐心、细致、诚恳，态度和蔼，语言得体委婉、以理服人，不能用刺激、生硬、过头的语言伤害客户，更不能漫不经心，对客户不负责任。

2.注意措辞的严谨性

销售人员应充分尊重客户的人格和习惯，不能讲有损客户自尊心的话，这就要求销售人员必须注意语言的使用。措辞的严谨性主要表现在谦恭语和委婉语两方面。谦恭语是谦虚、友善的语言，表现对对方的尊重，常用征询和商量式的语气；委婉语是用含蓄、好听、使人少受刺激的代词，代替禁忌的词语，用曲折的方式来表达双方都知道的、但不愿点破的事物。

3.注意语言的生动形象性

销售人员的语言不该是呆板的，不能总是机械地回答问题，要懂得幽默。这是因为生动幽默的语言能使气氛活跃、感情融洽，自然就会给客户留下深刻的印象。

4. 注意表达的随机性

要想让客户感到高兴和满意，销售人员在使用服务用语时还要注意学会察言观色，善于观察客户的反应，并针对不同的场合、对象，说不同的话，这样是很有利于沟通和理解的，并且这样就能够避免可能出现的矛盾或使矛盾得到缓和。

销售人员掌握和辨别客户身份和应对客户的不同情况的技巧是很有必要的。通过客户的服饰、语言、肤色及气质等方面的特点去辨别客人的身份；通过客户的面部表情，语调的轻重、语速的快慢，走路姿态和手势等行为举止去领悟客户的心境；遇到语言激动、动作急躁、举止不安的客户，销售人员要特别注意使用温柔的语调和委婉的措辞；对待客户投诉，说话要特别耐心，有礼貌，要设身处地替客户着想，投其所好，善于揣摩客户的心理，以灵活的语言应对客人。

二、销售人员常见的语言问题

无论是刚入行的销售人员，还是一名久经沙场的销售人员，在面对客户的过程中，难免会有一些不恰当的地方。下面是一些在销售过程中的典型问题，供大家参考。

1. 语速过快、吐字不清晰

有很多销售人员在面对客户的时候，说话的速度会比平时快，可以想象，一定有很多客户会如堕五里雾、不知所云。当销售人员讲完的时候，客户对产品的基本概念都没有形成，更不要奢望在他的脑海里留下深刻的印象了。在客户对产品还没有基本了解的时候，就希望他决定购买，这肯定是不可能的。

另外，刚入行的新人在这方面出现的问题较多。出现这种问题的原因主要是他们面对客户时有些紧张，即其心理素质还未过关。所以，如果想要成为一名优秀的销售人员，首先要培养良好的心理素质，在任何情况下都要稳住心神，不能急躁。给客户做介绍的时候，销售人员的语速应该比平时说话慢一点，并且在说不同方面的问题时，要做短暂停顿，重要的地方要重复强调几次，力求让客户听得清楚明白，另外，做也可以让他在展柜前多站几分钟，以使推销成功的概率增大。

2. 没有条理性

在向一位客户介绍产品的时候，要涉及很多方面的问题，比如品牌、性能、质量、价格及售后服务等。那么，先说什么后说什么就很值得探讨了。很多销售人员在讲解时，语言没有章法，显得很混乱，甚至该说的没有说到，不重要的却在反复地说。比如，在介绍电冰箱时，一般应该按照容量、特性、耗电量、服务及价格依次进行讲解，以及对该款电冰箱的卖点要做突出介绍，并且在说每一个不同方面时，要加上"第一"、"第二"的序列号，以使语言显得更加有层次。这样让客户感到条理清楚，很容易明白整体情况。如果发现客户有特别关心的问题，则要把这个问题放在第一位进行详细讲解。

3. 抓不住重点

不同的客户对产品关心的重点是有所不同的。有的最关心价格，他希望销售人员能够在这方面多介绍一些，看看是否有适合他需求的价位，是否可以在标价上面有所折扣，以及是否有促销礼品等；有的人对价格并不敏感，他最关心的是产品的性能，他希望得到更多有关产品性能的信息，希望销售人员告诉他产品有哪些独特之处；有的人最关心质量，他希望销售人员能够多介绍产品的质量问题；有的人最关心售后服务，他希望知道在送货、维修等售后服务方面的政策。如果销售人员抓不住客户关心的重点，而是按照自己的想法给客户讲解，那么就很难得到客户的认可和满意，从而不可能激发

客户购买的欲望。总之，要从客户的言语中发现他关心的重点所在，然后对症下药，即在这一点上要做详细的讲解，充分展示产品的优点。

4. 不知道该如何同别的品牌做比较

出于某种心理，很多客户喜欢说某某牌子的产品是如何的好。遇到这种情况，有的销售人员会说，那是个水货牌子，他们的质量很差，这样类似人身攻击的话语实在是不恰当的。其实，这样的贬低别人并不能抬高自己，并且还可能贬低了自己。同时，一个明智的客户一定会对销售人员的这种说法十分反感。但是出于商业竞争的需要，什么样的说法既不引起客户的反感，又能推销产品的目的呢？最重要的就是突出产品独特的卖点，做比较的时候要有理有据，要有较强的说服力。此外，还要勇于承认对手的长处，并且可以说"这一点是我们学习的榜样"。

5. 过度服务

过度服务通常是指热情过度。当客户一进门就被拉住或团团围住，你一言我一语，不管客户愿不愿意，就向其喋喋不休地推销，惹人生烦。所以，这样做是不会有好结果的。

对自己销售的产品要有信心

　　对销售人员来说，信心是保证销售成功的必备素质。销售人员不仅要对自己的能力树立信心，而且还要对自己的产品和公司树立信心。试想，如果销售人员对产品和服务都没有信心，又怎么能让客户产生购买欲望呢？只有当销售人员自己对产品的信心坚定不移时，才能最终打动客户的心。

　　李维是一名优秀的厨房灶具销售人员，他口才过人，思维敏捷，善于洞悉客户的心理，但在一次销售中，他还是失败了。

　　有一天，他在一个商场内举办灶具推销活动，他热情洋溢地介绍引来众人的围观，现场气氛非常活跃，已经有几名客户准备购买。这时，他的邻居也到场了，问他："小李，既然你认为这种灶具这么好，那你为什么不使用这种灶具呢？"

　　李维想想说："这是两码事，不能混为一谈。我们公司的灶具非常好，我早就想买一套用了。但是，你知道，我最近的经济状况不太好，孩子的学业花费我一大笔钱，最近我的妻子也有病住院了。这些事情让我的支出大大增加。我一直想拥有一套我们公司生产的灶具，但我近来的支付能力有限，所以只能过一段时间买了。"

　　听他这么一说，那些原来已经决定购买的客户改变主意。他们说：

"既然你自己都不用你的产品，我们又怎么一定要换呢？"

在现实中，很多销售人员在听到客户反映产品的一些小毛病时，往往马上会抱怨公司产品质量低下，把销售业绩上不去归结为产品质量问题。但我们要从这个角度分析一下，任何一家公司、任何一种产品都有销售业绩优秀的销售人员，每个公司都有销售冠军，如果产品有问题，那为什么有人还可以卖出去，并且让客户满意呢？

这也说明一个问题，那就是销售业绩的好坏在很大程度上取决于主观条件，即销售人员的心态问题。所以，销售人员首先要对自己销售的产品充满信心，才能让客户和自己一样对产品建立信心。

了解自己所在的公司和产品，对一个销售人员来说是相当重要的。如果一个销售人员不了解自己的公司，对自己所销售的产品都不熟悉，那么，就没有人愿意与这样的销售人员打交道。因为销售人员连自己所在的公司和所营销的产品都无法了如指掌，你也就根本无法说服客户信任你，更别提购买你的产品了。

作为公司的销售人员，你应该了解公司最基本的知识：

（1）公司的创立背景以及销售理念；

（2）公司的规模（生产能力，营销组织网络职员数量等），经济实力及信用（资本金，营销额及现期利润等）；

（3）公司的战略、经营理念，方针，目标及经营政策；

（4）公司在发展过程中所获得的荣誉、社会地位；

（5）公司主要领导的名字及他们的资历；

（6）公司的主要营销渠道及全国各地服务网设置。

对于你所销售的产品，你也应该熟悉相关知识：

（1）产品的名称、基本性能、价格；

（2）与同类竞争产品相比，在结构、性能、价格上的优点；

（3）产品提供的售后服务。

一个销售人员只有掌握了这些基本常识，对自己的公司及产品有一个正确的态度，才能在客户面前昂首挺胸，大胆地介绍自己，推销自己的产品。

乔·吉拉德推销的是雪佛兰牌汽车，他当然清楚还有比雪佛兰牌更好的汽车，他也买得起其他牌子的车，但他坚持开雪佛兰。他说："你必须相信你的产品是同类中最好的。我发现许多雪佛兰经销商却坐着卡迪拉克和梅塞德斯去上班，每当我看到他们这样做，我就觉得痛心。要是我推销雪佛兰却开其他牌子的车，我的客户见了就会想，吉拉德是不是不屑于坐他自己推销的车？在我看来，向客户传达这样的信息真是愚蠢至极。"

有市场，就有竞争的存在。销售人员要在竞争中获胜，熟悉自己的产品，掌握产品的相关专业知识是进行成功销售的前提。丰富的产品知识能使销售人员快速地对客户提出的疑问做出反应。这不但可以增加销售人员的自信心，还可以赢得客户对销售人员和产品的信赖。如果一个销售人员对自己的产品不了解，还想当然地认为，客户会不加了解就购买产品，这几乎是不可能的。这样的销售人员也是不合格的，更无法赢得客户对产品的信任。

要做到对产品持有正确的态度，销售人员需要在产品专业知识方面狠下功夫，了解产品具有的全部优点，了解产品符合客户需要的各种特点。找出客户的需求，并将客户的需求与产品的优点密切结合，说服客户进行购买。成功的销售人员能够不断地找出公司产品的众多优点，充分满足客户的需求。

在产品高度同质化的今天，同类产品在功能方面没有多大的区别，只要公司产品符合国际标准、行业标准或者企业标准，就是合格产品，也是公司最好的产品，一定可以找到消费者。无论销售什么产品，只要你在心理上确切地认为，你所销售的产品是最好的，那么，你一定能够将这种思想传达给客户，使客户青睐你所推销的产品。

实践证明，只有对公司有信心，才能对产品有信心；只有对产品有信心，才能对自己有信心。每一次成功的销售，都是建立在客户对公司、公司的产品以及对销售人员的信任基础上的，三个方面相辅相成，互为一体。任何一个潜在客户，如果能在这三个方面都形成信任的话，那么，下一步必然是水到渠成的销售成功。

总之，销售是向客户提供利益的工作。销售人员必须坚信自己产品能够给客户带来利益，坚信自己的销售是服务客户，就会取得成功。反之，销售人员对自己的工作和产品缺乏自信，把销售理解为求人办事，看客户的脸色，听客户说难听话，那么，销售人员将一事无成。相信自己的产品，相信自己的企业，相信自己的销售能力，相信自己肯定能取得成功。这种自信，能使销售人员发挥出才能，战胜各种困难，获得成功。

第二章　注意形象，
让自己看起来更像个销售人员

得体的着装使销售人员赢得信赖

一个销售人员的外在形象反映着他内心的涵养，倘若别人不信任你，你就无法成功地推销自己了。一个着装得体、外貌整洁的销售员更容易赢得别人的信任和好感。

一个人的内在的涵养、个性行为等固然重要，但别人要经过长时间的交往才能评断，最直接且最迅速造成印象的则是你的外表。而你的穿着打扮和身体动作则是决定你外表形象的重点。你是否受到谈话对象的重视、尊敬、好感或者是反感，看外表差不多就能确定了。

在销售活动中，最先映入客户眼帘的是销售人员的衣着服饰。一般来说，衣着打扮能直接反映出一个人的修养、气质和情操。穿戴整齐、干净利落的销售人员容易赢得客户的信任和好感，而衣冠不整的销售人员会给客户留下办事马虎、懒散的印象。

有心理学家做过关于外表影响力的实验，很能说明问题。两位男士，一位衣装笔挺，另一位穿沾满油污的工作服，在人行横道的红灯即将亮起而无过往车辆的时候穿越马路，结果，跟随衣着笔挺者的群众远远高于后者。美国一项调查也表明，80%的客户对销售人员的不良外表持反感态度。

　　下面是一位经销商讲的一个故事。

　　A公司是国内很有竞争力的公司，他们的产品质量不错，进入食品行业已有一年，销售业绩也不错。

　　经销商说："有一天，我的秘书电话告诉我A公司的销售人员约见我。我一听是A公司的就很感兴趣，听客户讲他们的产品质量不错，我也一直没时间和他们联系。没想到他们主动上门来了，我就告诉秘书让他下午3:00到我的办公室来。

　　"3：10我听见有人敲门，就说请进。门开了，进来一个人。穿一套旧的皱皱巴巴的浅色西装，他走到我的办公桌前说自己是A公司的销售人员。

　　"我继续打量着他，羊毛衫，打一条领带。领带飘在羊毛衫的外面，有些脏，好像有油污。黑色皮鞋，没有擦，看得见灰土。

　　"有好大一会儿，我都在打量他，思想在开小差，脑中一片空白。我听不清他在说什么，只隐约看见他的嘴巴在动，还不停地放些资料在我面前。

　　"他介绍完了，没有说话，安静了。我一下子回过神来，我马上对他说把资料放在这里，我看一看，你回去吧！

　　"就这样我把他打发走了。在我思考的那段时间里，我的心里没有接受他，本能地想拒绝他。我当时就想我不能与A公司合作。后来，另外一家公司的销售经理来找我，一看，与先前的那位销售人员简直是天壤之别，精明能干，有礼有节，是干实事的，我们就合作了。"

　　服饰对销售人员而言，也可以说是产品的外包装。包装纸如果粗糙，里面的东西再好，也会容易被人误解为廉价的商品。在销售界流行的一句话就是：若要成为第一流的销售人员，就应先从仪表修饰做起。

一个优秀的销售人员不一定要西装革履，但着装一定要整洁大方，给人一种忠厚老实的感觉。若看上去生意味太浓，客户则往往预先在心中建起一道防线。

西方的一位服装设计大师认为："服装虽不能造出完人，但第一印象的80%来自于着装。"一项研究表明，客户更青睐于那些穿着得体的销售人员，身着商务制服的销售人员所创造的业绩要比身着便装的销售人员高约60%。可见，只有着装得体才能赢得客户的信赖。

正所谓人要衣装，佛要金装。因此，销售人员要从穿着打扮和调整外表着手，从头到脚，处处要表现出自己的良好形象。

一、着装的基本要求

1. 干净整洁是着装最基本的要求

一般而言，销售人员应该时常换衣服，特别是在炎热的夏天。这不仅仅体现着销售人员个人的清洁卫生问题，更能说明该销售人员拥有良好的生活习惯。良好的生活习惯可以帮助销售人员赢得客户的信任，从而提高销售的成功率。

2. 服装要合体

服装要剪裁合体，上下搭配要协调，且色彩和谐。颜色的深浅会给人不同的感受。例如，深色服装会使人在视觉上产生收缩感，看上去会显得庄重严肃一些；而浅色的服装会产生扩张感，让人看起来轻松活泼。颜色还有冷暖色调之别，分别可以产生稳重或轻盈的视觉效果，例如，冷色调的宝蓝色可以让人看起来更沉稳，暖色调的橙色则让人看起来热情奔放。因此，销售人员可以根据自己的实际情况来进行不同的色彩选择与搭配。

3.扬长避短展现自己

销售人员选择着装时需要首先了解自身的体型特点，只有扬长避短才能展现自己的最佳外形。对于服装款式的选择，建议销售人员挑选款式简单的服装，这样的衣服不但比较容易搭配，还会让人显得落落大方。应当注意的是，在着装风格越来越倾向于中性化打扮和标新立异的今天，销售人员的着装还是应当保守些为好，因为适当的保守既能给人留下诚实可信的感觉，又不至于显得古板，所以说，西装革履的穿着是销售人员的首选。

4.避免张扬

销售人员要避免穿着太过显眼的高级服饰，因为那样可能会让客户产生这样的感觉：一个普普通通的销售人员都穿得这么高级，那么他所销售的产品一定很赚钱，价钱也一定贵得不合理……所以，过分讲究穿戴对销售人员的工作并没有什么好处。虽然如此，但销售人员的着装也不能太廉价，品质不能太差，因为廉价的外表会降低销售人员的形象，也会降低客户对其所销售的产品的兴趣。

5.与产品保持协调性

销售人员的衣着还应该与自己所销售的产品保持协调性。比如，推销洗涤用品的销售人员如果穿的是黑色的套装就没有穿白色的效果好。不要小看衣着的作用，大量的研究结果表明，这些微妙的心理反应往往会潜移默化地影响着客户对产品的选择。看似一桩小事，却会产生很大的效果差别。

6.与销售环境相适应

销售人员的着装应该与销售环境相适应。例如，一个向农民推销饲料的销售人员的服饰，就应该与向医院推销药品器材的销售人员的服饰区别开来，做到因人而异。

总而言之，销售人员在着装时一定要牢记干净整洁、搭配协调、适合自己等基本原则，力求让自己在举手投足之间流露出自然的美感与迷人的魅力，这样才能使交易顺利达成。

二、着装的一些基本原则

作为一名销售人员，每天都要与各种各样的客户打交道，衣着的重要性是毋庸置疑的。那么，有哪些着装原则是销售人员必须遵循的呢？要掌握正确的穿衣之道，必须遵循TOP原则，即T—Time（时间）、O—Occasion（场合）、P—Place（地点）。

1. 时间原则

所谓时间原则，就是指着装要随着时间的变化而变化。这里所说的时间主要有三个方面：白天和晚上，季节转换，潮流变更。

（1）白天和晚上的着装。如果销售人员在白天与刚认识不久的客户见面，一般应穿比较正式的衣服，这样可以表现出自己的专业水准。如果是在晚上、周末或者其他休闲时间与客户见面，则应该穿得休闲、轻松一些，倘若这时销售人员的穿着非常正式，反而会让人觉得很刻板。

（2）与季节转换相协调的着装。一年分为春夏秋冬四季，每个季节都会有适合该季节特点的服装。冬天穿得过薄或是夏天穿得过厚都是不合时宜的，所以，销售人员在着装时一定要选择与季节、气候相协调的服装。

（3）着装应顺应潮流变更。销售人员着装除了随时段和季节而改变之外，还要顺应时代的潮流。比如说，"萝卜裤"曾在20世纪80年代初风行一时，但如果现在的销售人员穿着这样的裤子去拜访客户的话，就只会让人感觉非常滑稽。

2. 场合原则

无论是出于礼仪的需要还是为了气氛的协调，着装都要随场合的变化而变化。若一位女士穿着高跟鞋与瘦身裙乘坐飞机，就会发现自己面临许多不

便；同理，若穿着便装出席正式晚宴，不仅是对宴会主人的不尊重，也会让自己感到非常尴尬。

着装的场合一般可以分为正式场合、非正式场合以及半正式场合。出席正式场合，比如宴会、招待会、婚礼、丧礼、正式会见、晚间的社交活动等，男士必须穿西服打领带；出席半正式场合，比如上班、午宴、午餐、高级会议、一般性访问或白天举行的比较隆重的活动等，销售人员最好穿西装，但衬衣领带的搭配可以相对随意一些；出席非正式场合，比如旅游、访友等，销售人员的穿着则可以更个性一些。

3. 地点原则

所谓地点原则很好理解，就是说着装要入乡随俗、因地制宜。

总之，一定要记住：每天上班前，销售人员都应先问一问家人（朋友）自己的着装如何；每次去见客户前，都先问一问同事自己的着装如何，并虚心听取他人的意见，力求让自己变得更完美。

赢得客户，提高自己的亲和力

所谓亲和力，是一种无形的凝聚力，能让周围的人感觉到跟我们在一起很舒服，很喜欢跟我们在一起，也很喜欢我们的办事方式。成功的销售人员都具有非凡的亲和力，他们非常容易博取客户对他们的信赖，他们非常容易让客户喜欢他们，接受他们。换句话说，他们会很容易跟客户成为要好的朋友。

　　奔驰自从1993年进入中国市场以来，销售量一直都不怎么出色，特别是2003年"砸奔驰"事件让奔驰的公众形象滑落到了低谷。但是中国作为世界上人口最多的国家，能成为奔驰消费者的潜在客户的数目将是巨大的，这一点相信奔驰的老总们不可能不知道，而他们所要做的就是把这些潜在客户变成自己的真正客户。

　　通过调查发现，奔驰进入中国以来之所以迟迟打不开市场，就是因为缺乏人情味。众所周知，奔驰作为一种高档车，在人们的心目中的地位是非常高的。也许正是由于这样的原因，导致奔驰在中国出了事之后就采取固执强硬的对抗方式，于是使得进入中国不久的奔驰遭受了前所未有的公关危机。

　　为了改变这种状况，公司总部开始变更政策，使奔驰开始变得有人情味、有亲和力且平易近人，不再是高高在上拒人千里的"贵族"。同时，奔驰不断提升在公众心目中的形象，并开展了诸如于保护大熊猫、保护喀斯特地貌等保护自然环境的大型公关和慈善捐助等活动。奔驰在每次展销会上都能让人们试一试奔驰在中国的任何一款车，"非买可试"的体验式营销与"只准看，不准摸"的围栏式营销产生了巨大的销售差异。此外，奔驰把市场瞄准了年轻客户，因为这样的客户群在发展中的中国数字越来越庞大，于是国产奔驰C级车以最低30多万元的价格面向客户。这种低价和零手续费政策迅速赢得了年轻客户的信赖。

　　正是这种一系列具有亲和力的政策，使得奔驰在中国的销售量迅猛

增长。

这就是亲和力在销售过程中的作用,它使得将要被赶出中国的奔驰重新占有了巨大的市场,赢得了客户的青睐。

对于销售人员来说,很多时候亲和力甚至比高超的销售技巧重要。因为只有具备了亲和力,才容易接近客户,促成沟通,达成交易。超强的亲和力,会让你在第一时间拉近与客户的距离,最大限度地消除客户的戒备。只有在这样的氛围下,才有可能促使交易成功。销售其实首先要做的是自我推销,客户只有接受你,认可你,才会对你所推销的产品和服务产生信赖感。而亲和力是完成自我推销的有效利器。

一家消费品市场的老板,把很多个销售人员都拒之门外。后来,有一位销售人员去了他那里。当时,老板正在忙着他自己的事,销售人员就先站了一会儿,一直保持着微笑和安详的神态看着他,偶尔帮一下手。几分钟后,老板对他说:"我看着你就顺眼,你的商品我要了,要是别人来,我就是不要。"后来,这个消费品市场成了这位具有亲和力的销售人员的长期稳定客户。

由此可见,在与客户的交往过程中,亲和力是销售人员无形的影响力,它可以化干戈为玉帛,起到四两拨千斤的作用,给销售人员带来更多的收获。其实,亲和力的建立,就是通过某种方法,让客户依赖销售人员、喜欢销售人员、接受销售人员。当客户对销售人员产生依赖、喜欢的时候,自然也会比较容易接受和喜欢销售员销售的商品。

亲和力的建立同销售人员的自信和自我形象有绝对的关系。什么样的销售人员最具有亲和力呢？通常，这个销售人员要热诚、乐于助人、关心别人、具有幽默感、诚恳，让客户信赖，而这些人格特质跟自信又有绝对的关系。

下面介绍几种快速建立亲和力的方法。

一、情绪同步

情绪同步就是在情绪和注意力上与沟通对象处于同一个频率的状态。假如你碰到一个客户谈起事情来很正经，不苟言笑，你也要像他一样；如果客户比较随和，并且爱开玩笑，你在情绪上也要和他一样活泼，比较自然。情绪同步会让客户感觉到在心理和情绪上你是很能够理解他的，他就会有一种被理解、被尊重、被接受的感觉。

二、生理状态同步

销售人员与客户之间的沟通，有三个渠道：一是销售人员所使用的语言和文字；二是销售人员的语气和语调；三是销售人员所使用的肢体语言。根据调查，销售人员与客户之间的沟通，文字只占了7%的影响力，语气和音调占38%，而肢体语言占55%，可见，销售人员的肢体语言——表情、手势、姿态、呼吸等重要的沟通方式，在这方面与客户同步，将产生意想不到的效果。

三、肢体上的同步

肢体动作、面部表情的模仿与使用是最能帮助销售人员和客户建立亲切感的有效方式。当销售人员和客户谈话沟通时，销售人员模仿客户的站姿或坐姿，手和肩的摆放姿势及其他举止，将会让客户产生一种认同感。例如，许多客户在交谈时会惯用某些手势，销售人员也不妨时常使用这些手势做表达。

作为销售人员，你这么做，开始可能会觉得可笑或不习惯，但当销售人

员能模仿得惟妙惟肖时，客户会莫名其妙地喜欢你、接纳你，他们会自动将注意力集中在你身上，而且觉得和你一见如故。

但是值得注意的是，销售人员千万别去模仿客户生理上的缺陷，若学人说话口吃，只会弄巧成拙。

四、语速语调同步

语速语调同步就是销售人员要使用客户的表象系统来沟通。所谓表象系统，是指人们在接受外界讯息时的5种接收方式，它们分别是视觉、听觉、触觉（感觉）、嗅觉及味觉。在沟通上，主要是透过视、听、触（感觉）三种渠道来完成的。由于受到环境、背景及先天条件的影响，每一个人都会偏重于使用某一种感官渠道作为头脑接收处理讯息的主要渠道。

视觉型的人倾向于以眼睛来观察周围的世界获取信息，同时借助视觉形象或图案的方式来记忆与思考；听觉型的人喜欢用耳朵来知觉事物，同时也依赖在行为或表达上用明确的文字或信息；触觉型的人依靠他的经验或感受来接受或传达信息。

视觉型的人说话速度快，语调也较高，他们的呼吸较为短促，胸腔起伏较大较明显；听觉型的人说话不疾不徐，音调平和呼吸均匀，起伏较大；感觉型的人说话慢吞吞，声音低沉，说话时停顿时间长，同时说话时所使用的肢体动作或手势较多，通常用腹部呼吸。

在与客户交谈时，销售人员的语调和速度应与客户同步，碰到一个视觉型的人他讲话快，你也讲话快；他音调高，你也提高音调，碰到一个听觉型的人，他讲话很注重抑扬顿挫遣词造句，你也注意抑扬顿挫不快不慢。而当你碰到一个感觉型的人，他要讲一讲，停一停，你也要注意跟上他的节奏。

所以销售人员对不同的客户要用不同的方式来说话，客户说话时常停顿，你得和他一样也时常停顿，你若能做到这点，对你的沟通能力和亲和力的建立将有莫大的帮助。

五、语言、文字同步

很多人说话都惯用一些术语，或者是善用一些词汇，例如有些口头禅。如果销售人员能听得出来客户的习惯用语，并也时常用客户的这些习惯用语，客户非常容易感觉你很亲切，听你说话就特别顺耳。所以，销售人员若能够使用客户的语言，又去使用他的音调、速度、声音，又和他处于相同的状态，他看到你时会像在镜子当中看到自己一样，自然会对你有好感。

总之，亲和力是销售人员必备的特质，一个看似冷漠的销售人员，必定是不能获得客户好感的，更不用说引起他购买产品的意愿。所以，要想做好推销工作，先要学会磨平自己的棱角，提高亲和力，在客户面前，要给予如沐春风般的温暖和关怀。这样才能赢得客户的好感和认可，才有助于开展销售工作。

让自己的声音充满魅力

我们通过声音表达思想、情感、观点。古希腊哲学家苏格拉底说："请开口说话，我才能看清你。"正因为他了解，人的声音是个性的表达，声音来自人体内部，是一种内在的剖白。

心理学家认为，声音决定了人类38%的第一印象，而音质、音调、语速

变化和表达能力则占有说话可信度的85%。说话是一种有声语言的表达，因此，说话声音的质量显得尤为重要。

刘悦是一位非常成功的保险销售人员，她的声音清脆圆润，不管她到任何地方，只要她一开口说话，所有的人都洗耳恭听，因为他们无法抗拒这如此富于魅力的声音。那种真诚、爽朗、充满生命活力的声音就像从干裂的地面喷出的一股清泉，就像从静寂的山谷涌出的一道细流，在每个人的心头涓涓而流，恰似生命中最美的音乐。事实上，刘悦的相貌相当普通，然而她的声音却是那样的甜美；它所带来的魅力是不可阻挡的，并且也从某个层面象征着她高雅的素养和迷人的个性。

一个人的动听声音应该是饱满而充满活力的，既能充分传递自己的感情，又能调动他人的感情。音质宽厚醇美、语调抑扬顿挫，可以放射出独特的魅力，美化你的形象，保持人们对你的积极的注意力，并且提高交流的效果。

一个人的声音，是一份比外貌更能持久迷人的魅力。美妙的声音可以融入心灵，让你在销售中占据主动权。

有一家成衣公司的老总非常不喜欢保险销售人员，为了能够让该公司老总接受保险，原一平充分准备，打算会一会这位老总。

原一平在会见这位老总前，已经对这位老总的个人资料都调查得很清楚：原来，这位老总是一个大阪人，热心同乡会会务，兄弟中还有当大学教授的。他最初在三越百货公司工作，后来又到了东京干起了成衣批发的生意，结果发了大财。现在他在北海道还有一个世界上规模最大的牧场。

了解到这些初步情况后，原一平又到该公司传达室进一步去打听消息，知道了这位老总上班的具体时间，所开车子的颜色、车型、车牌号，原一平还把那辆车子偷偷拍了照片，请该公司的职员确认，以防认错。另外，原一平还了解到老总一般在哪间办公室办公，等等。

通过这一系列的调查后，原一平便清楚了这位老总很少在他自己的办公室里办公，基本上都是和公司其他职员一样，在大厅里上班，大厅里有很多员工，如果不是事先做充分准备，一时之间根本无法确认哪一个才是老总。

把这一切工作都准备好后，原一平大胆地走进了老总的办公区域。

老总只穿着衬衫，正在和职员们一起忙碌着，整个办公室充满着生机勃勃的景象，原一平轻松自然地从他的斜后方走了过去，拍了一下他的肩膀。用带着"笑容"的声音，欢畅地说："老总，好久不见啦！"

老总转过头来诧异地说："咦！我们在哪里见过面吗？"

原一平微微一笑，说："贵人多健忘哦，就是在同乡会上呀！我记得您是大阪人，对不对啊？"

老总回答说："嗯，是的，我的老家是大阪。"

到这个时候，原一平才递给老总一张名片。

他一看原一平是推销保险的，就礼貌地推辞，但原一平并没因此而放弃，他放开喉咙说："老总，我相信贵公司的员工原先并没有立志终身要奉献农业而来到贵公司服务的，多是因为仰慕您的为人，才来到这儿的。"原一平说话时故意提高了一下音调，以便全办公室的人都能听得到他们的谈话。原一平说完话，再用目光扫视了一下在场的员工，然后继续用带有"笑容"的声音说：

"全体员工既然都对您怀着仰慕之情，您打算怎样回报他们呢？我认为最重要的是您只有永葆健康，才能领导员工，冲锋陷阵（这里是低音调）。如果您的身体已经到了无法投保的程度，您又怎么对得起爱戴您的员工呢？不管您是喜欢还是讨厌保险，这都不重要（他再次提高声音）。现在最重要的是，您的健康是否毫无问题，您曾经检查过自己的身体吗？"

原一平说到这里后，突然打住，沉默不语了。这个时候，整个办公室里鸦雀无声，大家都在等待老总的回答。老总这时候显得有些手足无措，等了一会儿才说："我没有去检查过。"

"那么，您应该抓住机会去检查啊！必须自己去创造并好好把握的机会才是真正的机会。让我为您服务吧！我将会带着仪器专程来贵公司给您做身体检查。"原一平仍然用带着"笑容"的声音说。

老总沉默了一会儿，就说："那好吧！麻烦你了！"

就这样，一位最不喜欢接待保险销售人员的老总被原一平一举攻下。

销售人员在说服客户的时候，通常语速应做到该慢则慢，该快就快，需要停顿的地方要停下来，需要放低声音的地方把音量放小，再加上生动的表情和姿态，就会大大增加说服对方的可能。

当然，能够自如掌控声音，能够根据具体情况掌握声音的变化，不是一朝一夕就可以练就的功力，它需要平时多多训练。很多播音员、歌唱家的声音都是训练出来的。我们不需要像专业主持人那样，达到纯正、专业的普通话标准，但是需要在发声上多注意。要注意控制气息、音色、音量，言谈中要口齿流利，就能塑造出良好的销售人员形象。所以，如果你要想自己的声音充满魅力，需要注意以下几点。

一、咬字清楚，层次分明

俗话说："咬字千斤重，听者自动容。"说话最怕咬字不清，层次不明，这么一来，不但别人无法了解你的意思，而且会给别人带来压迫感。要纠正此缺点，最好的方法就是练习大声朗诵，久而久之就会有效果。

二、说话的快慢运用得当

说话速度不要太快或太慢，应追求一种有快有慢的音乐感。在主要的词句上放慢速度以示强调，在一般的内容上稍微加快变化。无变化的声音是单调的，如同催眠曲，令人进入精神抑制状态。

三、注意控制说话的音量

我们每个人说话的声音大小有其范围，声音过大，会让人感觉你是一个无礼的人、鲁莽的人。声音过小，往往会影响交流。应该找到一种大小最为合适的声音来和别人交谈。说话的音量也应随着内容和情绪的变换而变换，时而侃侃而谈，如淙淙流水；时而慷慨激昂，似奔泻的瀑布。在不同声音段里，要有高潮、有舒缓、有喜忧，这样才能引人入胜，扣人心弦。

四、注意控制说话的音调

说话时，音调的高低也要妥善安排，借此引起别人的注意与兴趣。任何一次谈话，抑扬顿挫，速度的变化与音调的高低，必须像交响乐团一样，乐器搭配得宜，才能成功地演奏出和谐动人的乐章。

一开口就叫对人：称呼他人的艺术

　　称呼是指人们在正常交往应酬中，彼此之间所采用的称谓语，在日常生活中，称呼应当亲切、准确、合乎常规。正确恰当的称呼，体现了对对方的尊敬或亲密程度，同时也反映了自身的文化素质。

　　俗语说，"良言一句三冬暖"。得体的称呼就像一份见面礼，给对方带来心理上的满足，使沟通更加顺畅。如果称呼不得体，往往会引起对方的不快，甚至令对方生气，使双方陷入尴尬，造成交往障碍或中断。

　　有个小伙子叫刘洋，为人热情开朗，乐于助人，人品真的很不错。然而，刘洋的人缘却很不好，一提起他，周围的人就直皱眉头，原因是这小伙子太不知天高地厚了。单位里的刘某已经三十七岁了，但还是一个小科员，刘洋见了他张口闭口地叫"哥们儿"。有一次刘某提醒他说："我比你大十几岁吧，再怎么你也应该叫我一声'刘哥'！"可刘洋却皮笑肉不笑地说："得了！咱们都姓刘，又平级，我叫你'哥们儿'里面不也有个'哥'字吗？"刘某气得掉头就走。有位女同事比刘洋大三岁，刚结婚一年多，刘洋特喜欢跟人家开玩笑，那个同事姓林，他就叫人家"林妹妹"，女同事抗议了几次，他却置若罔闻。有一天，刘洋逛街时遇到了女同事和她的丈夫，他走上去一拍女同事肩膀就问："林妹妹，这位是谁啊！"女同事的丈夫脸色当时就变了。回家以后夫妻俩大吵了一架，丈夫指责妻子太随便，竟然让一个比她还年轻的人叫出那么肉麻的称呼。从那以后，女同事见到刘洋眼里就冒火。其他的同事也都对刘洋乱称呼的做法非常反感，他们建立了"攻守同盟"，故意冷落刘洋，和刘洋作对……没几个月，刘洋就自动辞职了。

刘洋之所以人缘这么差，都是由于他不注意对别人的称呼引起的。由此可见，称呼是否得体在一定程度上决定了人们交往活动的成败。心理学家认为，得体的称呼能使人心情愉悦，增强自信，有助于形成良好和谐的人际关系。良好的人际关系能使人精神振奋、提高工作效率。同时，得体的称呼也能缩短人和人之间的心理距离。

销售人员在销售过程中首先要与客户打招呼，引起客户重视，那么在称呼上就要讲究一点艺术性。

一、称呼的原则

称呼是当面招呼用的表示彼此关系的名称。称呼语是交际语言中的先锋官。一声亲切而得体的称呼，不仅能体现一个人谦恭有礼的内涵，而且能使对方如沐春风，易于交融双方的情感，为深层交际打下基础。

社会是一个大舞台，每个社会成员都在社会大舞台上充当特定的社会角色，而称呼最能准确地反映人际关系的亲疏远近和尊卑上下，具有鲜明的褒贬性。亲属之间，按彼此的关系都有固定称呼，自不待说。在社会交际中，人际称呼的格调则有雅俗高下之分，它不仅反映人的身份、地位、职业和婚姻状况，而且反映对对方的态度及其亲疏关系，不同的称呼内容可以使人产

生不同的情态。比如,对老年人,就可称老人家、老同志、老师傅、老大爷、老先生、老伯、大叔、老丈等,对德高望重者还可称"×老",如"张老";切不可称"老头子""老婆子""老东西""老家伙""老不死"等。很显然,前者是褒称,带有尊敬对方的感情色彩;而后者则是贬称,带有蔑视对方的厌恶情绪。在交际开始时,只有使用高格调的称呼,才会使交际对象产生同你交往的欲望。因此,使用称呼语时要遵循如下三个原则:

1. 礼貌原则

礼貌原则是人际称呼的基本原则之一。每个人都希望被他人尊重,而合乎礼节的称呼,正是表达对他人尊重和表现自己有礼貌有修养的一种方式。在社交中,称呼对方要用尊称。常用的尊称有:"您"——您好,请您……"贵"——贵姓、贵公司、贵方、贵校、贵体;"大"——尊姓大名、大作;"贤"——贤弟、贤婿、贤侄等;"高"——高寿、高见、高明,"尊"——尊意、尊口、尊夫人。

2. 尊崇原则

一般来说,汉族人有从大从老从高的心态。如对同龄人,可称呼对方为哥、姐;对既可称"爷爷"又可称"伯伯"的长者,以称"爷爷"为宜;对副科长、副处长、副厂长等,也可直接以正职相称。

3. 适度原则

许多年轻人往往对人喜欢称师傅,虽然亲热有余,但文雅不足且适应性较差。对理发师、厨师、企业工人称师傅恰如其分,但对医生、教师、军人、干部等称师傅就不合适了,要视交际对象、场合、双方关系等选择恰当的称呼。在与众多人打招呼时,还要注意亲疏远近和主次关系。一般以先长后幼、先高后低、先亲后疏为宜。

二、称呼的方式

称呼的方式有多种：其一，称姓名。如"张三""李四"等，称姓名一般适用于年龄、职务相仿者，或是同学、好友之间。否则，就应将姓名、职务、职业等并称才合适，如："张三老师""李四处长"等。其二，称职务。如"王经理""汪局长"等。其三，称职业。如"老师""乘务员""医生""律师"等。其四，称职衔。如工程师、教授、上尉、大校等。其五，拟亲称。如"唐爷爷""汪叔叔""胡阿姨"等。其六，称"先生""夫人""太太"等，这是最普遍、最常用的称呼。

一般在正式场合的称呼应注重身份、职务、职称、职衔；非正式场合可以辈分、姓名等称呼。在涉外活动中，按照国际通行的称呼惯例，对成年男子称先生，对已婚女子称夫人、太太，对未婚女子称小姐，对年长但不明婚姻状况的女子或职业女性称女士。这些称呼均可冠以姓名、职称、职衔等。如"布莱克先生""上校先生""护士小姐""怀特夫人"等。对部长以上的官方人士，一般可称"阁下"、职衔或先生。如"部长阁下""总统阁下""总理阁下"等。在美国、墨西哥、德国等没有称"阁下"的习惯，因此对这些国家人士可以"先生"相称。在君主制国家，按习惯称国王、皇后为"陛下"，称王子、公主、亲王为"殿下"。其他有爵位的人，可以其爵位相称，也可称"阁下"或"先生"。对有学位、军衔、技术职称的人士，可以称他们的头衔，如某某教授、某某博士、某某将军、某某工程师等。外国人一般不用行政职务称呼别人，不称"某某局长""某某校长""某某经理"等。在美国，人们常把直呼其名，视为亲切的表示，只是对长者、有身份地位的人例外。

总之，称呼他人为一门极为重要的事情，若称呼得不妥当则很容易让他人产生反感，甚至久久无法释怀。一个热情、友好而得体的称呼，能似妙言

入耳，如春风拂面，使对方顿生亲切、温馨之感，因此，销售人员要把握好对客户的称呼。

即使简单的握手也要握出好感觉

一般而言，聚散忧喜皆握手，此时无声胜有声。握手礼是目前世界上许多国家通行的礼节，也是人们日常交际的基本礼节。有一首顺口溜说道：相逢点头笑，握手问个好，笑容挂眉梢，心儿甜透了。

握手是销售活动中的一个"神秘使者"，也是人际交往中必不可少的交流手段。在日常生活中，无论是接待客人还是拜访客户，销售人员都需要认识一些陌生的人并且与他们做进一步的交流。大多数情况下，销售人员都会以握手作为交流前的准备或者是交流后的道别，这不仅是一个礼节性的动作，也是一个向对方表达自己热情和友善的举动。

可能很多人认为，握手是一个再简单不过的动作，只需要握住对方的手，并且上下摆动几下，并不需要太多的语言，最多说"你好""欢迎""再见"等这些简单的礼貌用语。非也，其实，一个良好的握手举动可以为销售人员接下来的交流打下扎实的基础，而一次糟糕的握手也同样能够迅速瓦解彼此之间的好感，为接下来的沟通交流平添阻碍。

玫琳凯是美国著名的企业家，她是退休后创办化妆品公司的。开业时，雇员仅仅10人，20年后发展成为拥有5000人、年销售额超过3亿美元的大公司。

玫琳凯在其退休之后为何能取得如此巨大的成就？她说，她是从懂得真诚握手开始的。

玫琳凯在自己创业前，在一家公司当销售人员，有一次，开了整整一天会之后，玫琳凯排队等了3个小时，希望同销售经理握握手。可是销售经理同她握手时，手只与她的手碰了一下，连瞧都不瞧她一眼，这极大地伤害了她的自尊心，工作的热情再也调动不起来。当时她下定决心："如果有那么一天，有人排队等着同我握手，我将把注意力全部集中在站在我面前同我握手的人身上——不管我多么累！"

果然，从玫琳凯创立公司的那一天开始，她多次同数人握手，总是记住自己当年所受到的冷遇，她友好、全神贯注地与每一个人握手，结果她的热情与真诚感动了每一个人，许多人因此心甘情愿地与她合作，于是她的事业蒸蒸日上。

握手是沟通思想、交流感情、增进友谊的重要方式。通过握手的动作，往往显露一个人的个性，给人留下不同印象。美国著名盲聋作家海伦·凯勒写道："我接触的手，虽然无言，却极有表现力。有的人握手能拒人千里之外，我握着他们冷冰冰的指尖，就像和凛冽的北风握手一样。也有些人的手充满阳光，他们握住你的手，使你感到温暖。"这从侧面证明恰到好处的握手可以向对方表现自己的真诚与自信，也是吸引人脉和赢得信任的契机。一个积极的、有力度的正确的握手，表达了你友好的态度和可信度，也表现了你对别人的重视和尊重。一个无力的、漫不经心的、错误的握手，立刻传送

出不利于你的信息，让你无法用语言来弥补，会给对方留下对你非常不利的第一印象。

握手只有几秒钟的时间，但这短短的几秒钟是如此的关键，立刻决定了别人对你的喜欢程度。通过握手时的举止行为，在一个侧面可以断定许多问题：双方关系远近、情感厚薄、个人文化修养、地位和工作精神，乃至于为人处世的方式与品性等。握手的方式向别人传递了你的态度是热情还是冷淡、积极还是消极，是尊重他、诚恳相待，还是居高临下、敷衍了事。热情、文雅而得体的握手能让人感受到愉悦、信任和接受，促进彼此间的交流和了解。

与陌生人初次见面，人们大都会重视着装和微笑，但据调查指出，握手同样能够对人的第一印象起决定作用，因为人们能够对来自内在或者外在的刺激做出更强烈更敏锐的反应。所以，销售人员想在初次见面时留给客户良好的印象，就要学会与人握手的技巧。

一、握手的方法

握手时，销售人员应距离客户约一步，上身稍向前倾，两足立正，伸出右手，四指并拢、拇指张开与客户握手。掌心向下握住对方的手，显示着一个人强烈的支配欲，无声地告诉别人，他此时处于高人一等的地位，应尽量避免这种傲慢无礼的握手方式。相反，掌心向里同他人握手的方式显示出谦卑与毕恭毕敬，如果伸出双手去捧接，则更是谦恭备至了。平等而自然的握手姿态是两手的手掌都处于垂直状态，这是一种最普通也最稳妥的握手方式。

二、握手的禁忌

（1）握手时应伸出右手，不能伸出左手与人相握，有些国家习俗认为人的左手是脏的。

（2）戴着手套握手是失礼行为。男士在握手前先脱下手套，摘下帽子，女士可以例外。当然在严寒的室外有时可以不脱，比如双方都戴着手套、帽子，这时一般也应先说声"对不起"。握手者双目注视对方，微笑、问候、致意，不要看第三者或显得心不在焉。

（3）在商务洽谈中，当介绍人完成了介绍任务之后，被介绍的双方第一个动作就是握手。你在握手的时候，眼睛一定要注视对方的眼睛，传达出你的诚意和自信，千万不要一边握手一边眼睛却在东张西望，或者跟这个人握手还没完就目光移至下一个人身上，这样别人从你的眼神里体味到的只能是轻视或慌乱。

（4）握手的时间以1~3秒为宜，不可一直握住别人的手不放。

（5）握手的力度要掌握好，握得太轻了，对方会觉得你在敷衍他；太重了，人家不但没感到你的热情，反而会觉得你是个老粗。女士尤其不要把手软绵绵地递过去，显得连握手都懒得握的样子，既然要握手，就应大大方方的。

（6）在任何情况下，拒绝对方主动要求握手的举动都是无礼的。但手上有水或不干净时，应谢绝握手，同时必须解释并致歉。

（7）注意双手卫生。在销售过程中，除注意个人仪容整洁大方外，还应注意双手的卫生，以不干净或者湿的手与人握手，是不礼貌的。

综上所述，握手虽然是一件小事，却能在细节中体现个人修养，看出一个人的性格。没有一个社交高手会忽视握手这一个从小见大的沟通举动，销售人员要时刻注意握手的礼节，这是令你讨人喜欢的策略之一。

脸上时刻保持微笑，拉近与客户的距离

微笑是打破人与人之间关系坚冰的最佳手段，又是客户对销售人员产生良好印象的开始，作为销售人员，在销售中只要坚持微笑，那么客户肯定会接受你，试想，有谁能拒绝一位向他微笑的人呢？

微笑对销售人员来说是至关重要的。美国一家百货商店的人事经理曾经说过，她宁愿雇用一个没上完小学但却有愉快笑容的女孩子，也不愿雇用一个神情忧郁的哲学博士。

微笑，并不仅仅是一种表情，更重要的是与客户感情上的沟通。微笑就等于告诉对方：我是值得您信赖的，我是您的朋友，我是一个心地善良、诚实的人，我是一个值得您相交的人。当你向客户微笑时，要表达的意思是："见到您我很高兴，愿意为您服务。"微笑体现了这种良好的心境。

有一次，底特律的哥堡大厅举行了一次巨大的航船展览，人们争相参观。在展览会上人们可以选购各种船只，从小帆船到豪华的巡洋舰应有尽有。在这期间，有一宗巨大的生意差点丢掉，但有一家汽艇厂用微笑又把客户拉了回来。

一位来自中东某产油国的富翁，站在一艘展览的大船面前，对站在他面前的销售人员说："我想买艘价值2000万美元的汽船。"当然，这对销售人员来说是天大的好事。可是，那个销售人员只是愣愣地看着这位客户，以为他在说疯话，不予理会，他认为这位富翁在浪费他的宝贵时间，看着销售人员那没有笑容的脸，富翁便走开了。

富翁继续参观，到了下一艘陈列的船前。这次招待他的是一位热情的销售人员。这位销售人员脸上挂满了亲切的微笑，那微笑就跟太阳一样灿烂，使这位富翁感到非常愉快。于是他又一次说："我想买艘价值2000万美元的汽船。"

"没问题！"这位销售人员说，他的脸上挂着微笑，"我会为你介绍我们的汽船系列。"随后，便推销了他的产品。

在相中一艘汽船后，这位富翁签了一张500万美元的支票作为定金，并且他又对这位销售人员说："我喜欢人们表现出一种对我非常有兴趣的样子，你现在已经用微笑向我推销了你自己。在这次展览会上，你是唯一让我感到我是受欢迎的人。明天我会带一张1500万美元的保付支票回来。"言出必行，第二天他果真带了一张保付支票回来，购下了价值2000万美元的汽船。

这位热情的销售人员用微笑把自己推销出去了，并且连带着推销了他的汽船。据说，在那微笑生意中，他可以得到20%的利润，这可以让他少干半辈子活。而前面那位冷冰冰的销售人员，则让自己与好运擦身而过。

看，这就是微笑的魅力。可见，养成微笑的习惯是多么的重要。

微笑，是一种愉快的心情的反映，也是一种礼貌和涵养的表现。销售人

员自然而朴实的微笑，是与客户沟通最好的敲门砖，是最好的催化剂。

微笑是传递友好与善良的信号，能消除对方的敌意，微笑可以拉近彼此之间的距离，增进彼此之间的感情，同时微笑还可以使自己增强销售成功的信心，把微笑与自信带给客户，因此，微笑对于销售人员来讲，它虽然不花成本，但是利润却很丰厚。

俗话讲："笑口且常开，财源滚滚来"，"抬头微微笑，低头数钞票"。销售人员的微笑是创造财富的来源，"要把销售做得好，天天微笑少不了"。因此，要学会用真诚的微笑去打动客户，以甜蜜的微笑去赢得客户，把温暖带给他人，把幸福传给客户。

一位客户在几个朋友的陪伴下想买一条裤子，她当时穿的是条大脚裤，上衣也较宽松，给人的感觉又矮又胖，很不好看。像她这种体形的客户穿裙子比较适合，裙子可以掩盖其短处，于是销售人员给她挑了条过膝的中裙和一件得体的上衣，让她试穿，开始她不肯试穿裙子，怕不好看，销售人员微笑着，真诚地说服她试穿。就在她从试衣间里出来的那一刻，她所有的朋友都说好看，这是一套搭配起来非常协调、显瘦又显年轻的衣服，于是她满意地买下了这套衣服，并对销售人员说："你的微笑很有亲和力，今天如果不是你热忱、周到的服务，我可能永远不会穿裙子，你为我做个好参谋，以后我会再来这里买衣服。"

在销售过程中，销售人员以微笑开始服务于客户，在轻松愉快的环境下进行销售，是有助于消费行为产生的，即使没有销售成功，至少也体现出销售人员应有的风度与良好的企业文化。因此，微笑要始终贯穿在销售人员与客户的交往当中。

对销售人员来说，在客户面前流露出自然而甜美的微笑，会给人一种亲近、友善、和蔼的感觉，让人在心中留下美好难忘的第一印象。微笑的技艺要掌握分寸，淡淡地一笑，真诚的态度，微微的点头，动作不宜过大，发自内心的笑容才是最自然的。销售人员的一次完美的微笑，常常可以让客户感到亲切，进而对销售人员产生好感，下一步的销售活动就可以顺利地进行了。

日本的保险销售之神原一平就是一个以微笑取胜的代表人物。

原一平身高一米五几，相貌也极其一般，这就造成了许多客户见了他就有防备心理，给他的销售工作带来了极大的困难。虽然原一平非常努力，每天都拜访40名客户，但几个月下来他还是没有成交。

有一次，原一平去一家寺院销售保险，寺院的住持说：“就你现在的样子，我是不会买你的保险的，你满脸的焦虑、疲惫，没有任何快乐的成分，我怎么敢向你买保险呢？”

原一平被住持的话点醒了，回去后，他立即刻苦地练习微笑，有一段时间，他因为在路上练习大笑，而被路人误认为他脑子有问题，也因练习得太入迷了，半夜常在梦中笑醒。

经过一段时间的苦练之后，原一平可以用微笑表现出不同的情感反应，也可以用自己的微笑让客户露出笑容。这样，客户见了他，就很快地乐于接受他了。

后来，原一平经过几十年的磨炼，练就了38种不同的笑脸，所谓“笑脸百万”，微笑成就了他的寿险事业，使他连续7年获得全日本寿险销售冠军，并被吸收为美国寿险百万圆桌终身会员。

就销售人员而言，原一平以50年的销售经验告诉人们，笑有以下9个好处：

（1）笑能把友善与关怀有效地传送给对方。

（2）笑能拆除你与准客户之间的"篱笆"，敞开双方的心扉。

（3）笑能使你的外表更加迷人。

（4）笑可以消除双方的戒心与不安，打开僵局。

（5）笑能使你消除自卑感。

（6）你的笑能感染对方也笑，创造和谐的交谈基础。

（7）笑能建立准客户对你的信赖感。

（8）笑是表达爱意的捷径。

（9）笑能增进活力，有益健康。

微笑是一个销售人员迈向成功所必须掌握的技能之一，在漫长的销售生涯中，要想走得长远和持久，就要面带微笑。

第三章 拜访客户，
好的开始是成功的一半

做好拜访前的准备工作

古人云："凡事预则立，不预则废。"做好销售前的准备工作，是销售人员进行成功销售的前提和基础。美国保险业销售高手弗兰克·贝格平均每星期都要花上半天的时间来做计划，每天亦花一个小时来准备。在没有做好计划，完成准备之前，绝对不会出门去做保险业务。不要以为这是浪费时间，正是因为有了完善的计划与准备，才能使他保持长久成功。

作为一个销售人员，在拜访客户时，通常在头天晚上就会做好心理准备，设计访问的方式以及预期访问的效果，然而，有的销售人员在出门时却常常把最不引人注意又最为重要的东西丢下，而在出门前没有注意到，直到与客户谈好生意，临到签合同时才发现，没有合同书，或钢笔没有墨水了，等等。对于一个作风严谨的客户来说，面对这种情况选择取消与你的这笔生意是很有可能的，因为他可能把你的行为看成你的企业管理质量的低下，销售人员去谈生意不带合同书、质量证书……这不只是一个笑话，对于销售工作来说，它也是一次相当重大的责任事故。

有这样一个专营办公用品的销售人员，来到一家急需添加一些办公

用品的公司,经过半天的讨价还价,终于成交。但是,当他准备把优惠价以及联系方式写成文本时,意想不到的事情发生了,他掏出的签字笔竟然写不出字来。客户公司很快就告诉他:"你不用写了,你们的办公用品我们决定不要了!"

这就是准备不充分惹的祸。由此可见,销售之前,没有充分的工作计划和准备其后果是不可想象的。作为一名销售人员,谁是你的客户,他住在哪里,做什么工作有什么爱好,你如何去接触他……这所有的问题,都必须事先了解清楚。你还要了解行业,了解竞争对手,了解自己的短期目标和长期目标。有计划、有准备,才能取得最后的成功。

张亮在一家大型公司做销售人员,他的每一次推销都非常成功。不仅仅是因为他具有丰富的产品知识,关键是每次在拜访前,他都做了充分的准备,因而对客户的需要非常了解。在拜访客户以前,张亮总是掌握了客户的一些基本资料。张亮常常以打电话的方式先和客户约定拜访的时间。

这天是星期四,下午4点刚过,张亮精神抖擞地走进客户的办公室。他今年35岁,身高1.78米,深蓝色的西装上看不到一丝的皱褶,浑身上下充满朝气。

张亮从上午7点开始,就开始了一天的工作。张亮除了吃饭的时间,始终没有停过。5点30分张亮有一个约会。为了利用4点至5点30分这段时间,张亮便打电话,向客户约定拜访的时间,以便为下星期的推销拜访而预做安排。

打完电话,张亮拿出数十张卡片,卡片上记载着客户的姓名、职业、地址、电话号码等资料以及资料的来源。卡片上的客户都是居住在市内东北方的商业区内。

张亮选择客户的标准包括客户的年收入、职业、年龄、生活方式和嗜好。

张亮的客户来源有3种：一是现有的客户提供的新客户的资料；二是张亮从报刊上的人物报道中收集的资料；一是从职业分类上寻找客户。

在拜访客户以前，张亮一定要先弄清楚客户的姓名。例如，想拜访某公司的执行副总裁，但不知道他的姓名，张亮会打电话到该公司，向总机人员或公关人员请教副总裁的姓名。知道了姓名以后，张亮才进行下一步的推销活动。

张亮拜访客户是有计划的。他把一天当中所要拜访的客户都选定在某一区域之内，这样可以减少来回奔波的时间。根据张亮的经验，利用45分钟的时间做拜访前的电话联系，即可在某一区域内选定足够的客户供一天拜访之用。

张亮每当要拜访下一个客户前，都会先给客户打个电话，约定拜访的时间，也正是因为准备充足，所以每一次销售都非常成功。

作为销售人员，真正和客户面对面的时间是非常有限的，即使你有时间，客户也不会有太多的时间，实际上大多数时间是用在准备工作上的。做好准备工作，能让你最有效地拜访客户；能让你在销售前了解客户的状况；帮助你迅速掌握销售重点；节约宝贵的时间；按照可行、有效的销售计划去做。

销售准备是至关重要的，销售准备的好坏直接关系到销售活动的成败。一般来说，销售准备主要包括以下几个方面：

一、物品准备

我国台湾企业界流传的一句话是"推销工具犹如侠士之剑"。凡是能促

进销售的资料，销售人员都要带上。资料准备包括：产品样品、公司及产品资料、报价单、合同书、名片、小礼品等等。这些资料可以统称为拜访包，销售人员在拜访客户前必须对拜访包进行仔细检查，以防遗漏必用物品。

二、信息准备

信息准备，主要汇总是客户方面的信息，同时还包括竞争产品方面的信息，知己知彼，才能百战不殆。

三、形象及心态准备

拜访客户前，一定要检查和调整自身的形象与心态，形象和心态是销售人员拜访质量的重要因素。

四、产品知识的准备

在销售之前，销售人员应该对自己所推销的产品进行了解和研究。作为销售人员，如果你不了解自己的产品，那么人们就会对你所进行的介绍产生疑问，因而在出发前掌握产品知识是必不可少的。当公司推出新产品时，销售人员要了解新产品的特点、卖点是什么。不了解新的销售政策，就无法用新的政策去吸引客户；不了解新产品各方面的知识，也就无法向客户推销新产品。

五、明确访问的目的，由此来决定说话的重点

一般而言，销售人员都知道在销售之前，要制订一份销售计划，明确自己的销售目标，所谓目标就是销售人员对一项工作完成时所预期效果的描绘。销售人员出访一定要确立目标。

总之，在销售之前，销售人员必须做好准备。以便做到心中有数，稳操胜券，进而提高销售业绩。

搜集客户信息，做到心中有数

中国有句古话："知己知彼，百战不殆。"做销售也是同样的道理。当销售人员接近一个客户的时候，要做的第一件事情就是搜集相关信息。

日本"保险销售之神"原一平经常跟踪奔驰车，因为他发现开奔驰车的都是有钱人，而他要卖大保单就必须找大客户。他跟着这辆奔驰车去运动，去买菜，去玩，一个礼拜以后，他就对客户的资料背景胸有成竹了。

比如他了解到某天下午2点，客户会去健身俱乐部健身，于是他便穿着与老板一模一样的运动服、梳一样的发型，去健身俱乐部跑步。跑到一半的时候老板来了，这个人怎么穿得跟我一模一样？于是原一平就很好奇地看着老板，对方也好奇地看着原一平，两个人打完招呼就开始聊天。跑步跑累了，他们就去打网球，当原一平把网球拍拿出来时老板一看，说："你怎么连用的网球拍都跟我的一模一样？连打网球的动作和姿势都一模一样。"打完网球后他们两个人去游泳，到了男更衣室原一平泳裤一套上，老板一看吓一跳："你怎么连穿的泳裤都跟我一模

一样？"游完泳之后，老板很喜欢原一平，说："你干脆来我家吃个饭吧。"原一平说："不了，改天你来我家吃饭，我们就约在星期天，你说好不好？"老板觉得原一平与自己像多年未见面情同手足的兄弟一样，所以很高兴地接受了原一平的邀请。

老板到了原一平家，一看满桌的菜，说："这一桌菜怎么都是我喜欢吃的？"原一平说："我不知道你喜欢吃什么，但这些纯粹是我个人喜欢吃的，这是巧合。"老板一听："怎么这么巧，你到底是做什么的？"

"我在明治保险公司做销售保险的工作。我有很多老板朋友，某某株式会社社长，某某董事长，都跟我买保险。我为他们规划了很多理财性的保单，我自己也买了两份。你要不要也买两份？你买了没有？"

老板一听，就说："好吧，好吧，我也得买。没问题，我肯定跟你买。"

为什么原一平最后不用怎么介绍保险就可以成交？原因就是他花了很多的时间去了解客户的信息。

客户信息可以帮助销售人员接近客户，使销售人员能够有效地跟客户讨论问题，谈论他们感兴趣的话题。有了这些信息，销售人员就会知道客户喜欢什么，不喜欢什么，销售人员就可以让他们高谈阔论，兴高采烈，他们不会让销售人员大失所望。

销售之路顺畅，必然给销售人员带来巨大的客户资料，这就要求销售人员必须建立客户档案，否则，凭记忆是无法准确地装下如此之多的客户资料，建立客户档案的好处在于，能够掌握客户的一般情况，便于对客户的使用情况进行统计。销售人员的手中有了客户的技术性数据，就可以判断出客户所用产品的更新期限，这样也会为销售工作带来很大的方便。

　　杰克逊是某保险公司的销售员。有一次，他乘坐出租车，在一个路口遇到红灯停了下来，跟在后面的一辆黑色轿车也与他的车并列停下。从窗口望去，那辆豪华轿车的后座上坐着一位头发斑白但颇有气派的绅士正闭目养神。

　　就在一瞬间，杰克逊的潜意识告诉他：机会来了。记下了那辆车的号码后，他打电话到交通监理局查询那辆车的主人，事后，他得知那辆车是一家外贸公司总经理科比先生的轿车。

　　于是，他对科比先生进行了全面调查。随着调查的深入，杰克逊又知道了科比先生是加利福尼亚州人，于是他又向同乡会查询得知科比先生为人幽默、风趣又热心。最后，他终于很清楚地知道了科比先生的一切情况，包括学历、出生地、家庭成员、个人兴趣、公司的规模、营业项目、经营状况，以及科比先生住宅附近的情况。

　　调查完毕之后，杰克逊便开始想办法接近科比先生。由于先前的信息搜集工作做得好，杰克逊早已知道科比先生的下班时间，所以他选定一天，在这家外贸公司的大门口前等候。

　　下午5点，公司下班了。公司的员工陆续走出大门，每个人都服装整齐、精神抖擞，愉快地在门口挥手互道再见。公司的规模看来不大，但是纪律严明，而且公司的上上下下充满着朝气与活力。

　　杰克逊把看到的一切立刻记在资料本上。

　　5点30分，一辆黑色轿车驶到公司大门前，杰克逊定睛一看车牌号——正是科比先生的轿车。很快地，科比先生出现了，虽然杰克逊只见过他一次，但经过调查之后，他对科比先生已经非常熟悉，所以一眼

就认出来了。

万事俱备，只欠东风。杰克逊找了一个机会与科比先生攀谈起来，科比先生很惊讶于杰克逊对他的了解，而且对杰克逊的谈话也表现得很感兴趣。

接下来的事自然就顺理成章了，杰克逊向科比先生推销保险时，他愉快地在一份保单上签了名字。

后来，两个人成了很好的朋友，科比先生在事业上还给了杰克逊不少的帮助。

对于销售人员来说，客户信息是一笔财富，应把对客户的调查看成销售的一部分。磨刀不误砍柴工，信息的积累对于未来的销售工作是有很大帮助的。

在一般情况下，完整的客户信息包括以下几方面：

（1）客户基本信息：客户编号、客户类别、客户名称、地址、电话、传真、电子邮件、邮编，等等。

（2）联系人信息：联系人姓名、性别、年龄、爱好、职务、友好程度、决策程度，等等。

（3）客户来源信息：市场活动、广告影响、业务人员开发、合作伙伴开发、老客户推荐，等等。

（4）客户业务信息：所属行业、需求信息、价格信息、客户调查问卷，等等。

（5）客户交往信息：交往记录、交易历史、服务历史，等等。

（6）客户价值信息：客户信用信息、价值分类信息、价值状况信息，等等。

完整的客户信息可以帮助销售人员更好地开展业务，建设完整客户信息的基础是建立相关的业务规范。因此，销售人员要在业务过程中不断收集、整理和完善客户信息。

那么，销售人员如何去全面了解客户的资料呢？途径很多。现在是网络时代，很多资料都能够从网上查到，这可以作为了解客户资料的主要来源。如果要了解一家公司，销售人员就要首先上网查找他们的资料，包括他们的历史、现状、员工人数、主要产品以及社会对于这家公司的评价等，有了这些资料，就可以对这家公司的情况有初步的了解。

但是，网络上的东西毕竟不太全面，要想真正了解客户还需要进一步的努力，需要亲自到这家公司看一看，这样会有一个感性的认识，可以帮助你更全面地了解客户。现在每一家公司对每家客户公司，都会到实地去看一看，要求他们提供一些更为详尽的资料。有些聪明的销售人员在挖掘客户方面更有一套，他们的秘诀就是"逛"客户的仓库。"逛"仓库首先是查看一下公司产品的库存情况，然后再查看一下其他相关产品的情况，还要估算一下这个仓库的即时库存量。每次"逛"完之后，他们都很有收获，对于怎么扩大自己的销路，都会有一个新的打算。

此外，可以从公司的员工那里得到重要的信息。如果你以为公司里的前台小姐、维修工人甚至清洁工都无足轻重的话，那你就大错特错了，请你从今天起一定要好好重视他们，因为他们在某一方面绝对能够给你提供很有价值的信息。

发掘客户是一项细致的工程。销售人员对客户的情况了解得越透彻，销售工作就越容易开展，也会得到事半功倍的效果。

一线万金，主动打电话开发客户

开发客户是销售的第一步，在确定市场区域后，销售人员就得找到潜在客户在哪里并同其取得联系。如果不知道潜在客户在哪里，你向谁去销售你的产品呢？事实上销售人员的大部分时间都在寻找潜在客户，你打算把你的产品或者服务销售给谁？谁有可能购买你的产品或服务，谁就是你的潜在客户。

成功销售的能力，与你的客户质量直接相关。因此，销售最关键的一步就是准确地找到需要你产品或服务的人。然而，并不是每个企业都能清楚地告诉它的销售人员，如何开发客户，找到需要自己产品和服务的人。所以，这一直是令销售人员"头痛"的事儿，那么，开发客户究竟有哪些适用的方法呢？

以下10条"销售之道"是进行成功销售和开发客户的成功经验。实践证明它们是行之有效的，销售人员要把握和运用到工作之中。

一、在打电话前准备一份客户名单

如果不事先准备名单的话，销售人员的大部分销售时间将不得不用来寻找所需要的名字。销售人员会一直忙个不停，总是感觉工作很努力，却没有打上几个电话。因此，销售人员在手头上要准备一份可以供一个月之内随时使用的客户名单。

二、电话要简短

打电话做销售拜访的目标是获得一个约会。销售人员不可能在电话上销售一种复杂的产品或服务，而且当然也不希望在电话中讨价还价。

电话做销售应该持续大约3分钟，销售人员应该专注于介绍自己和产品，大概了解一下对方的需求，以便自己给出一个很好的理由让对方愿意花费宝贵的时间和自己交谈。最重要的是别忘了约定与对方见面。

三、尽可能多地打电话

在寻找客户之前，销售人员永远不要忘记花时间准确地定义目标市场。如此一来，在电话中与销售人员交流的，就会是市场中最有可能成为客户的人。

如果销售人员仅给最有可能成为客户的人打电话，那么就联系到了最有可能大量购买产品或服务的准客户。在这一小时中尽可能多地打电话，由于每一个电话都是高质量的，因此有可能发现潜在客户。

四、避开电话高峰时间

通常来说，人们拨打销售电话的时间是在早上 9 点到下午 5 点之间。所以，销售人员每天也可以在这个时段腾出一小时来做销售。

如果这种传统销售时段不奏效，就应将销售时间改到非电话高峰时间，或在非高峰时间增加销售时间，最好安排在上午 8∶00~9∶00，中午 12∶00~13∶00 和17∶00~18∶30之间销售。

五、变换致电时间

人们都有一种习惯性工作安排，客户也一样，很可能在每周一的10点钟都要参加会议，如果销售人员不能够在这个时间接通客户的电话，就要从中汲取教训，在该日其他的时间或改在别的日子给客户打电话，销售人员就会得到出乎预料的成果。

六、每天安排一小时

销售，就像任何其他事情一样，需要纪律的约束。销售总是可以被推迟的，销售人员总在等待一个环境更有利的日子。其实，销售的时机永远都不会有最为合适的时候。因此，你要把每天安排一小时列入工作计划之中并加以实施。

七、专注工作

销售人员在销售时间里不要接电话或者接待客人，免得影响思路。销售人员要充分利用销售经验曲线，正像任何重复性工作一样，在相邻的时间片段里重复该项工作的次数越多，就会变得越优秀。

销售也不例外。第二个电话会比第一个好，第三个会比第二个好，以此类推。在体育运动里，人们称其为"渐入最佳状态"。销售人员将会发现，自己的销售技巧会随着销售时间的增加而不断改进。

八、不要停歇

毅力是销售成功的重要因素之一。大多数的销售人员都是在第5次电话谈话之后才进行成交的。然而，大多数销售人员则在第一次电话后就停下来了。

九、客户的资料必须井井有条

销售人员所选择的客户管理系统应该能够很好地记录企业所需要跟进的客户，不管是以前的客户，还是明天就要跟进的，或者三年之后才跟进的客户。

十、开始之前先要确立目标

这样做在寻找客户和业务开拓方面都非常有效。销售人员的目标是要获得会面的机会，因此销售人员在电话中的措辞就应该围绕这个目标而设计。

接近客户，为销售赢得机会

在销售活动的整个过程中，接近客户无疑是打基础的阶段，也是最容易被拒绝的难关。这一关过好了，销售人员给客户留下一个不错的第一印象，那么以后的几个环节相对而言就容易一些，否则，后面就要付出更大代价，甚至无法成交。在正式接近客户时，如果销售人员掌握了接近客户的技巧，就能够争取主动，使客户有继续谈下去的热情和信心，而销售人员的推销能力也会大大提高。

下面是两个销售范例。

销售人员A："有人在吗？我是××公司的销售人员。在百忙中打扰您，想要向您请教有关贵商店目前使用收银机的事情。"

商店老板："哦，我们店里的收银机有什么毛病吗？"

销售人员A："并不是有什么毛病，我是想是否已经到了需要换新的时候。"

商店老板："没有这回事，我们里的收银机状况很好呀，使用起来还像新的一样，嗯，我不想考虑换台新的。"

销售人员A："并不是这样的！对面张老板已更换了新的收银机呢！"

商店老板："不好意思，我们暂时不打算更换，以后再说吧！"

销售人员B："郑老板在吗？我是××公司销售人员，在百忙中打扰您。我是本地区的销售人员，经常经过贵店。看到贵店一直生意都是那么好，实在不简单。"

商店老板："您过奖了，生意并不是那么好。"

销售人员B："贵店对客户的态度非常的亲切，郑老板对贵店员工的教育训练，一定非常用心。我也常常到别家店，但像贵店服务态度这么好的实在是少数，街对面的张老板，对您的经营管理也相当钦佩。"

商店老板："张老板是这样说的吗？张老板经营的店也是非常的好，事实上他也是我一直作为目标的学习对象。"

销售人员B："郑老板果然不同凡响，张老板也是以您为模仿的对象。不瞒您说，张老板昨天换了一台新功能的收银机，非常高兴，才提及郑老板的事情，因此，今天我才来打扰您！"

商店老板："哦，他换了一台新的收银机呀？"

销售人员B："是的。郑老板是否也考虑更换新的收银机呢？目前您的收银机虽然也不错，但是如果能够使用一台有更多的功能、速度也较快的新型收银机，会让您的客户不用排队等太久，因而会更喜欢光临您的店。请郑老板一定要考虑这台新的收银机。"

商店老板："好的，我考虑一下。你留下电话，明天给你答复。"

第二天，销售人员B接到了商店老板购买收银机的电话。

上面这两个范例，会让人有什么感想呢？比较销售人员A和销售人员B的接近客户的方法，很容易发现，销售人员A在初次接近客户时，单刀直入地询问对方收银机的事情，让人有突兀的感觉，因而遭到商店老板的拒绝。而销售人员B则能够和客户以对话的方式，在越过客户的"心理防线"后，自然地进入销售商品的主题，从而进行了一次成功的销售。可见，在接近客户时，掌握一定的方式方法是十分必要的。

下面是几种在销售实践中销售人员接近客户常用的方法。

一、介绍接近法

介绍接近法，是指销售人员由第三者介绍而接近销售对象的方法。介绍的主要方式有口头介绍和书面介绍。

二、产品接近法

产品接近法，是指销售人员直接利用介绍产品的卖点而引起客户的注意和兴趣，从而接近客户的方法。

三、利益接近法

利益接近法，是指销售人员通过简要说明产品的利益而引起客户的注意和兴趣，从而转入面谈的接近方法。利益接近法的主要方式是陈述和提问，告诉客户购买要销售的产品给其带来的好处。

四、问题接近法

销售人员直接向客户提问来引起客户的兴趣，从而促使客户集中精力，更好地理解和记忆销售人员发出的信息，为激发购买欲望奠定基础。

五、赞美接近法

销售人员要了解和满足人们的自尊和希望他人重视与认可的心理需求来引起客户交谈的兴趣。当然，赞美一定要出自真心，而且要讲究技巧。

六、求教接近法

一般来说，人们不会拒绝登门虚心求教的人。销售人员在使用此法时应认真策划，把要求教的问题与自己的销售工作有机地结合起来。

七、好奇接近法

一般人们都有好奇心。销售人员可以利用动作、语言或其他一些方式引起客户的好奇心，以便吸引客户的兴趣。

八、馈赠接近法

销售人员可以运用赠送小礼品给客户的方法，从而引起客户兴趣，进而接近客户。

九、调查接近法

销售人员可以利用调查的机会接近客户，这种方法隐蔽了直接销售产品这一目的，比较容易被客户接受。这是在实际中很容易操作的方法。

十、连续接近法

销售人员利用在第一次接近客户时所掌握的有关情况实施第二次或更多次接近的方法。销售实践证明，许多销售活动都是在销售人员连续多次接近客户后，才引起了客户对销售人员的注意和兴趣并转入实质性的洽谈，进而为以后的销售成功打下了坚实的基础。

总之，在销售实践中，销售人员要灵活运用各种接近客户的方法，并根据实际情况创造出一些新的行之有效的方法，以取得销售的成功！

成功的拜访就是找对有决策权的人

在拜访的过程中，销售人员应该找到具有决策力的关键人物，从他们入手，这样对整个销售工作都会起到关键的作用。

在现实生活中，人们常常听到过一些销售人员诉苦。

有的销售人员说："我托了许多朋友帮忙才得到那位部门主管的电话，后来又费尽周折才约见了他，他的态度一直模棱两可。为了说服他，我已经将产品价格降到了底线，可是最后他却告诉我，签这么一大笔单，必须由总经理直接决定。"

还有的销售人员说："我一直都在努力和那位夫人交谈，因为她对产品表现得很有兴趣，可是没想到，她的丈夫只用一句话就将我所有的努力都化为乌有了。"

可以想象，这些销售人员在每次与客户沟通过程中所付出的努力，当他们的眼前出现令人失望的结果时是多么的委屈。可是，这一切都不能怪客户，也不能抱怨自己"不幸"，没有遇到有决策权的人，只能怪销售员自己。

找不到有决策权的购买者，这种销售沟通就像在射击比赛中没有找到靶

心一样。目标不正确，结果自然会与希望偏离。对于销售人员来说，在行动之前就应该明确目标，首先应该明确自己沟通的目标对象——究竟与谁沟通才能达成交易。这也印证了管理学大师彼得·德鲁克的一个观点：不仅要正确地做事，还要做正确的事。找到具有决策权的客户，这就是销售人员应该做的正确的事。只有找到真正有决策权的人，具有实际意义的销售沟通才可能得以开始，并且最终实现销售目标。

日本"推销女神"柴田和子一直强调：与不正确的人对话就是在浪费时间和金钱。如果一位销售人员在销售过程中始终在和不正确的人，即没有决策权的人对话，即使在其他方面做得很到位，也不会有好的业绩。

常言道："射人先射马，擒贼先擒王。"说的就是关键人物在整件事情中的作用。只有找到这个关键人物，那么，接下来的事情就好办了。柴田和子在销售中总是首先选择从老板下手，因为她认为，老板是握有决定权的关键人物，只要使那个人拍板，剩下的就只是事务性工作了。

但是，在现实生活中，有很多销售人员没有找对谈生意的对象。比如，销售人员经常会遇到这样的情况，谈话对象对产品很满意，并且也口口声声说购买产品，但是到最后要他签单的时候，他却说他做不了主，谈了半天，生意最后泡汤了。这就是因为没有找到关键人物。

找到有决策权的人可能是一个复杂的过程。销售人员也许需要和多个人打交道，他们可能是在一个垂直的层面上的人，也可能是在一个水平层面上的人，甚至关系交互复杂。通常，找到有决策权的人之后最好的办法就是直接简单地询问："王经理，这件事是您自己做决定呢，还是会有其他人参与决策？"

可以说，如果销售人员能很直接地找到决策者，不仅能节省大量的人力和物力，还能让自己以最好的状态去见决策者，进而去说服决策者，这样也能很好地满足决策者的虚荣心，让他感觉他在这个集体里是很重要的，这样能更好地推销出产品。

在很多时候，就算销售人员已经确定了谁是真正起决定作用的购买者，但是要想真正与这些具有决策权的客户进行实质性沟通恐怕还要费一些周折。几乎拜访所有的公司客户时，销售人员都会遇到前台服务人员或者秘书、助理等中间环节的挡驾。一些销售人员会通过别人介绍或其他途径直接与具有决策权的客户进行联系，这样就可以有效避免在那些中间环节上花费时间和精力。可是有时候，销售人员不得不硬着头皮面对道道中间环节的挡驾，如果没有一定的韧性和"过五关斩六将"的能力，是很难"拜到真神"的。

如何才能知道目标客户是否具有决策权呢？按照目标客户的态度不同，销售人员可以从不同的角度进行分析。

一、直言"我不负责这件事……"的客户

如果客户直截了当地告诉销售人员："我不负责这件事，请你……"这些客户其实不见得就真的没有决策权。销售人员在遇到这类客户时，应该考虑客户是不是为了避免纠缠，才说自己没有决策权。

对于这种情况，销售人员通常在搜集信息时就可以加以区分。如果在搜集信息时不容易确定，那么不妨在沟通过程中向客户询问谁是真正起决定作用的人物，这种询问同样要讲究技巧，不要显得冒昧和唐突，更不要使眼前这位客户的自尊心受到伤害。

那些真正没有决策权的目标客户在面对销售人员的询问时，通常会说出负责人的名字或头衔，不过他们很可能会随即告诉你："现在他不在这里……"之后如何打通这些中间环节，那就要看销售人员下一步的努力了。

如果目标客户对销售人员的询问说不出明确答案，那常常代表他们就

是真正具有决策权的人物，他们只不过是想用一个借口来搪塞罢了。这时，销售人员不必非要听到客户的承认，而应该避过这个问题引导客户进一步沟通。

二、态度模棱两可的客户

有些时候，销售人员是很难通过事先搜集到的信息分析客户是否具有决策权的，这就需要在沟通过程中认真把握。面对态度模棱两可的客户，销售人员需要从他们在沟通过程中的表现来确定其是否具有购买决策权。

如果目标客户确实有这方面的需求，但是他们在沟通过程中只是针对一些问题进行大概了解，而并不对核心问题如价格、订货量、运输方式、付款方式等表示关注，那么销售人员就应该反思自己是否找准沟通对象了。

如果目标客户对于相关核心问题比较关注，而且对很多具体问题都了解得十分详细，那么他们很可能就是真正具有购买决策权的人，至少，他们可以直接向具有购买决策权的人提供很有影响力的意见。他们之所以态度模棱两可，很可能表示他们内心还有一定的疑虑，此时，销售人员要做的就是分析他们疑虑的原因，然后运用合适的方法消除他们的疑虑，从而促进交易的完成。

在拜访客户的过程中，只要销售人员能够找对关键人物，那么，销售就等于成功了一半。

没有拜访就没有销售

拜访客户是一门集营销艺术、广告宣传、语言表达为一体的综合活动。对销售人员来说，拜访客户可谓是最基础最日常的工作了：市场调查需要拜访客户、新品推广需要拜访客户、销售促进需要拜访客户、感情维护还是需要拜访客户。很多销售人员也都有同感：只要客户拜访成功，产品销售的其他相关工作也会随之水到渠成。

在目前产品竞争激烈的状况下，客户所承载的信息已经太多，所以不会轻易地就接受销售人员所提供的产品。因此，拜访客户并进行当面推销就显得越发的重要。要获得销售成功，销售人员就必须去拜访客户，在拜访中与客户进行沟通，从而说服客户。所以，销售在很大意义上可以说就是拜访，没有拜访就没有销售。

然而，可能是因为怀有"被人求"高高在上的心态，也可能是因为对那些每日数量众多进出频繁的销售人员司空见惯，所以就有很多被拜访者对那些来访的销售人员爱答不理；销售人员遭白眼、受冷遇、吃闭门羹的故事也举不胜举。很多销售人员也因此而觉得拜访客户工作无从下手。其实，只要切入点找准、方法用对，拜访客户工作并非想象中那样棘手。

一、开门见山，直述来意

初次和客户见面时，在对方没有接待其他拜访者的情况下，销售人员

可用简短的话语直接将此次拜访的目的向对方说明：比如向对方介绍自己是哪个产品的生产厂家（代理商）；是来谈供货合作事宜，还是来开展促销活动；是来签订合同，还是查询销量；需要对方提供哪些方面的配合和支持，等等。如果没有这一番道明来意的介绍，试想当拜访对象是一位终端营业员时，他起初很可能会将销售人员当成一名寻常的消费者而周到地服务。当他为推荐产品、介绍功能、提醒注意事项等而大费口舌时，销售人员再向他说明拜访的目的，突然来一句"我是某家供应商的销售人员，不是来买产品，而是来搞促销的"，对方将有一种强烈的"白忙活"甚至是被欺骗的感觉，马上就会产生反感和抵触情绪。这时，要想顺利开展下一步工作就难以加难了。

二、以点带面，各个击破

如果销售人员想找客户了解一下同类产品的相关信息，客户在介绍有关产品价格、销量、销售政策、促销力度等情况时往往闪烁其词甚至是避而不谈，以致销售人员根本无法调查到有关同类产品的真实信息。这时销售人员要想击破这一道"统一战线"往往比较困难，所以，必须找到一个重点突破对象。比如，找一个年纪稍长或职位稍高在客户中较有威信的人，根据他的情况开展相应的公关活动，与之建立"私交"，从他这里了解真相，甚至还可以利用这个人的威信、口碑和推介来感染、说服其他的人，以达到进货、收款、促销等其他的拜访目的。

三、宣传优势，晓之以利

商人重利。这个"利"字，包括两个层面的含义："公益"和"私利"；也可以简单地把它理解为"好处"，只要能给客户带来某一种好处，销售人员就一定能为客户所接受。

首先，明确"公益"。这就要求销售人员必须有较强的介绍技巧，能将公司品种齐全、价格适中、服务周到、质量可靠、经营规范等能给客户带来暂时或长远利益的优势，对客户如数家珍地介绍；让他及他所在的公司感觉到做这个生意，既放心又舒心，还有钱赚。这种"公益"销售人员要尽可能地让更多的人知晓，知晓的人越多，销售人员日后的拜访工作就越顺利：因为没有谁愿意怠慢给他们公司带来利润和商机的人。

其次，晓以"私利"。如今各行业在产品销售过程中，很多厂商针对促销等关键环节都配有形式多样的奖励制度，因此，哪一家给他的"奖励"多，他自然就对哪一家前来拜访的销售人员热情。销售人员做好宣传、销售工作就会比较顺利。

四、明辨身份，找准对象

如果销售人员多次拜访了同一家客户，却收效甚微，比如，价格敲不定、协议谈不妥、促销不到位、销量不增长等，这时，销售人员就要反思是否找对人了，即是否找到了对拜访目的实现有帮助的关键人物。

这就要求销售人员在拜访前要找准拜访的对象。对方的真实身份销售人员一定要搞清，他到底是采购经理、销售经理、卖场经理、财务主管，还是一般的采购员、销售员、营业员、促销员。在不同的拜访目的的情况下对号入座去拜访不同职务的人。比如，要客户购进新品种，必须拜访采购人员；要客户支付货款，必须采购和财务人员一起找；而要加大产品的推介力度，最好是找一线的销售和营业人员。

五、突出自我，赢得关注

有时，销售人员一而再再而三地去拜访某一家公司，但对方却很少有人知道销售人员是哪个厂家的、叫什么名字、与之在哪些产品上有过合作。此时，销售人员在拜访时必须想办法突出自己，赢得客户大多数人的关注。

（1）不要吝惜名片。每次去客户那里时，销售人员除了要和直接接触

的关键人物联络之外，同样应该给采购经理、财务人员、销售经理、卖场营业人员甚至是仓库收发这些相关人员，都发放一张名片，以加强对方对自己的印象。在发放名片时，可以出奇制胜。比如，将名片的反面朝上，先以印在名片背面的"经营品种"来吸引对方，因为客户真正关心的不是谁在与之交往，而是与之交往的人能带给他什么样的盈利产品。将名片发放一次、二次、三次，直至对方记住销售人员的名字和正在销售的产品为止。

（2）在发放产品目录或其他宣传资料时，有必要在显见的地方标明自己的姓名、联系电话等主要联络信息，并以不同色彩的笔迹加以突出；同时对客户强调说："只要您拨打这个电话，我们随时都可以为您服务。"

（3）以操作成功的、销量较大的产品的名牌效应引起客户的关注："你看，我们公司的××产品销得这么好，做得这么成功，这次与我们合作，你还犹豫什么呢？"

（4）适时地表现出销售人员与对方的上司及领导（如总经理）等关键人物的"铁关系"：如当着被拜访者的面与其上司称兄道弟、开玩笑、谈私人问题等。试想，上司和领导的好朋友，对方敢轻易怠慢吗？当然，前提是销售人员真的和他的上司或领导有着非同一般的"铁关系"；再者表现这种"铁关系"也要有度，不要给对方"拿领导来压人"的感觉。否则，效果将适得其反。

总之，拜访客户，是销售活动中很重要的一个环节。作为一名销售人员，如何建立自己职业化的拜访之道，然后再成功地运用它，将成为突破客户关系、提高销售业绩的重要砝码！

第四章　有效沟通，
拉近彼此间的距离

有效提问，打开客户的话匣子

提问是与客户沟通的最好的方法，销售人员通过提问可以了解客户需要什么，不需要什么，对销售人员销售的产品的哪些方面比较感兴趣等。很多专业的销售人员都会把提问作为最重要的销售手段，因为掌握客户的需求越多，向客户成功销售的可能性就会越大。一个销售人员业绩的好坏，与其提问问题的能力是有密切关系的。

在通常情况下，直接向客户提出问题，只要问题能引起客户的兴趣，引导客户去思考，就能很顺利转入正式面谈阶段，这是一种非常有效的沟通方法。销售人员可以首先提出一个问题，然后根据客户的实际反应再提出其他问题，步步为营，接近对方。当然，销售人员也可以开头就提出一连串问题，使客户无法回避。下面是一些应用实例。

"您想过十五年后您将干什么吗？"这个问题可能引起一场销售人员与客户之间关于退休计划的讨论。

"您的生意规模近几年发展得很快，您想过没有使用自动化生产设备对您目前生意状况的影响吗？"这个问题引起一家发展中的制造公司

总裁提出新问题："我不知道，我的生意必须达到多大规模。"接下来当然就是正式的销售面谈了。

某公司销售人员对客户说："只要您回答两个问题，我就知道我的产品能否帮助您装潢您的产品。"这实际上是一个问题，并且常常诱导出这样的回答："好吧，您有什么问题？"

美国一位女销售人员总是从容不迫，平心静气地提出三个问题："如果我送您一套有关个人效率的书籍，您打开书发现十分有趣，您会读一读吗？""如果您读了之后非常喜欢这套书，您会买下吗？""如果您没有发现其中的乐趣，您把书重新塞进这个包里给我寄回，愿意吗？"这位女销售人员的开场白简单明了，使客户几乎找不到说"不"的理由。后来这三个问题被该公司的全体销售人员所采用，成为标准的销售开场白。

美国一位口香糖销售人员遭到客户拒绝时就提出一个问题："您听说过某公司（远近闻名的大公司）吗？"零售商和批发商都会说："当然，每个人都知道！"销售人员接着又说："他们有一条固定的规则，该公司采购人员必须给每一位来访的销售人员一个小时以内的谈话时间，您知道吗？他们是怕错过好东西。我想贵公司肯定是有一套比他们更好的采购制度，有足够的好东西了是吧？"

某自动售货机制造公司指示某销售人员出门携带一块0.6米宽0.9米长的厚纸板，见到客户就打开铺在地面或柜台上，纸上写着："如果我能够告诉您怎样使这块地方每年收入250美元，您会不会有兴趣呢？"

当然，这些问题必须精心构思，刻意措辞。事实上，有很多销售人员养成了一些懒散的坏习惯，遇事不进行思考，不管接近什么人，开口就是"生意好吗？"有位采购员研究销售人员第一次接近客户时所说的行话，做了这样一个记录，在一天里来访的14名所谓的销售人员中，就有12位是这样开始谈话的："近来生意还好吧？"这是多么平淡、乏味的问题，无法引起客户的兴趣。

因此，有效地提问，从而引发客户的兴趣，对销售人员来说是十分重要的。

下面的内容总结和归纳了一些提问方式。

一、洽谈时用肯定句提问

在开始洽谈时用肯定的语气提出一个令客户感到惊讶的问题，是引起客户注意和兴趣的可靠办法。比如："你已经……吗？""你有……吗？"或是把你的主导思想先说出来，在这句话的末尾用提问的方式将其传递给客户。"现在很多先进的公司都构建自己的局域网了，不是吗？"这样，只要你运用得当，说的话符合事实而又与客户的看法一致，会引导客户说出一连串的"是"，直至成交。

询问客户时要从一般性的事情开始，然后再慢慢深入下去。

向客户提问时，虽然没有一个固定的程序，但一般来说，都是先从一般性的简单问题开始，逐层深入，以便从中发现客户的需求，创造和谐的推销气氛，为进一步推销奠定基础。

销售人员要先了解客户的需求层次，然后询问具体要求。

了解客户的需求层次以后，就可以掌握你说话的大方向，可以把提出的问题缩小到某个范围以内，而易于了解客户的具体需求。如客户的需求层次仅处于低级阶段，即生理需要阶段，那么他对产品的关心多集中于经济耐用方面。当你了解到这些以后，就可重点从这方面提问，指出该商品能如何满足客户需求。

二、建立对话的氛围

你一定不喜欢审问式的交谈方式，在与客户的沟通过程中也是这样，所以在于客户交谈的过程中，审问式的交谈是大忌。没有人会喜欢被审问的感觉，审问式的交谈方式，会使客户有种被胁迫的感觉，因此，会增加客户的戒心，甚至招致客户的严重反感。大量地使用封闭式的问题，就会造成审问式的交谈结果。

避免审问式交谈的最佳方式是耐心，许多人在提问的时候，往往犯下这样的错误，不如在提出的问题中，前半句会是一个开放式的问题，但紧接着，作为补充，后半句又成了一个封闭式的问题。比如："你喜欢做什么样的工作？……我的意思是说你是否愿意成为销售人员？"很显然，销售人员在销售谈判的开始往往会比较紧张，希望能够快速地结束整个过程。因此，会导致开放式问题开始，而快速地以封闭式问题结束，本想让客户更多地谈及自己的想法，反而急不可耐地将自己的想法强加给客户，因而欲速则不达。所以，建立对话式的讨论氛围关键是要有一定的耐心，通过开放式的问题，让客户多说一些，自己多倾听一些，并在此基础上，不断有意识地将客户向自己的方向引导，最终达到自己的目的——完成销售过程。

三、尽量提出启发性的问题

销售人员向客户提出问题的时候，最好避免客户只用"是"或"否"就能够回答的问题。如果向客户提出的问题对方仅仅用"是"或者"否"来回答，那么，销售人员获取的信息显然太少，因此不得不问更多的问题，然而绝大多数的客户都不会喜欢连珠炮似的发问，问题过多反而会吓跑客户。那么怎样提问会比较好呢？

销售行为的成功性，很大程度上依赖于销售人员对客户的了解程度。因此向客户提问的过程是销售人员获取价值信息的重要过程。所以，销售人员在客户面前尽量提一些客户需要很多的语言才能解释的问题，这种提问称之为"开放式问题"，并通过这样的提问获得具有价值的信息，而这样的提问方式，需要客户做出大量的解释和说明，销售人员只需要相对较少的问题就可以达到目的。比如"您要采购怎样的产品？""您的购买目的是什么？"等等。这样客户就不得不说出更多的想法，从而使销售人员了解客户的真实目的。

心理学研究表明，绝大多数的人喜欢别人倾听自己的谈话，而非听别人说话，所以销售人员要利用简单有效的提问，使客户不断地说话，做到仔细倾听，并在此基础上提出更深入的问题。在许多时候，客户是将销售人员当作专家来看待的，销售人员要善于利用这一点，即使客户是保守类型的，也要通过有效的问答，使客户将心中的想法表达出来，从而使自己从被动的地位转换为主动地位，这样就增加了销售成功的可能性。

当然，"开放式"的提问方式，也是需要有所节制的，并非越开放越好，否则客户甚至不知从何说起。所以，在提出这一开放式的问题时，销售人员一定要有所预期，使客户不需要太多的思考就能回答。

四、用问题来引导客户

有些时候，客户往往是一个非常健谈的人，比如销售人员问："你今天过得怎么样？"客户可能会从早餐开始一直谈到今天的天气、交通状况等，漫无边际。事实上，销售人员没有必要了解许多对自己根本没有用的信息，因此，这时候就需要把问题转移到自己的目的上来。这种方式与上面提问的方式恰好相反，称之为"封闭式"提问，就是客户需要比较确定的语言来回答的问题。"开放式"的提问方式，显然具有很多的好处，但是需要有一定的节制，否则可能销售人员和客户谈得很投机，却最终不能了解任何有价值的信息，白白浪费了很多时间和精力。对此，"封闭式"的提问方式，是很好的补充。

"封闭式"的提问方式，最大的好处就在于能够确认客户对某一事件的

态度和看法，从而帮助销售人员真正了解到客户的想法。比如"你确定要购买这种型号的电脑，是吗？"明确地提问，客户必然明确地回答。

"开放式"的提问方式与"封闭式"的方式相配合才能在与客户的交谈中，使自己保持主动地位，主动地引导客户按照自己的设想和思路逐步展开他的想法，经验丰富的销售人员往往是运用这两种方法相得益彰的人。

把幽默带进销售领域会产生意想不到的作用

幽默是沟通成功的金钥匙，它具有很大的感染力和吸引力，能迅速打开客户的心灵之门，让客户在会心一笑后，对销售人员、对商品或服务产生好感，从而诱发购买欲望，促成交易的迅速达成。

当销售大师乔·吉拉德请某人在订单上签字的时候，客户却坐在那儿犹豫不决，对此，乔·吉拉德幽默地说："您怎么啦？该不会得了关节炎吧？"这句话常常能使客户微笑，继而忍不住突然哈哈大笑起来。乔·吉拉德甚至还可能放一支钢笔在他手里，然后把他的手放在订单上说："开始吧！在这儿签下您的大名。"当乔·吉拉德这样做的时候，他的脸上带着自然大方的微笑，但同时乔·吉拉德又是认真的，而客户也知道乔·吉拉德不是在开玩笑。

　　如果这位客户依然拿不定主意，乔·吉拉德就会说："我要怎样做才能得到您的这笔生意呢？难道您希望我跪下来求您？"随后，乔·吉拉德可能就会真的跪倒在地，抬头望着他说："好了，我现在就求您，谁会忍心拒绝一个肯下跪的成年男子呢？来吧，在这儿签上您的名字。"要是这一招还不能打动客户的话，乔·吉拉德会接着说："您究竟要我怎么做才肯签呢？难道您希望我躺在地上？那好吧，我就赖在地上不起了。"

　　这种方法会让大多数人捧腹大笑，他们说："乔，别躺在地上。你要我在哪儿签名？"随后，大家都笑了起来——客户最终签了名。

　　如果销售人员在与客户沟通的时候表现出色，那么客户是很愿意购物的。尽管有很多人说他们对外出购车常常感到发怵，但是乔·吉拉德的客户不会这样说。人们总是说"与乔·吉拉德做生意是一件很愉快的事情"，相信这句话并不是毫无意义的。

　　由此可见，开朗的性格和幽默的谈吐都是赢得客户好感的极其重要的因素。具备开朗的性格和幽默的谈吐，有助于销售人员营造一个愉快的沟通氛围。

　　那么为什么开朗和幽默的性格能吸引别人呢？这便要从人的心理来分析。人生中充满矛盾，一方面不堪忍受孤独寂寞，要与他人交流沟通，具有群居性；另一方面人对陌生人总有一种戒备心和恐惧感。所以，当人碰到陌生人时的第一个反应便是关上心门；然而又并不仅仅如此，他还想去了解探察别人。如果这个陌生人表现出爽朗善意、幽默的谈吐风度，人便会慢慢了解到陌生人并不是"来者不善"，从而谨慎地打开心扉。

　　曾有一位销售精英讲过一个这样的故事，很耐人寻味。

情人节那天，我和两位同事相约在某酒店吃饭。酒过三巡，不知道怎么混进来的，一个黑瘦的卖花童突然凑到我们桌前。

我们三个一起摆手，说没有女孩，买什么花啊，找别人去吧！小家伙没动，笑着说："现在男人也流行送花啊！"说完从怀里抽出一枝玫瑰递给一个同事说："叔叔，这个就算我送您的吧！"

我们不解，小家伙一拍胸脯："我也是男人嘛！"那位同事很窘，为了不让大家误会"男人的感情"，马上掏出十元钱，连说这枝玫瑰算买的。

我在一旁哈哈大笑。没想到小家伙又抽出一枝递给我，对那位同事说："这枝我替您送给这位叔叔吧！"现在轮到那位同事哈哈大笑了。我忙掏出十元钱，说我也买一枝。他这光棍儿一条，我可不想接他送的玫瑰！

然后，小家伙从桌上的烟盒里拿出一根烟递给另一位同事，又帮忙点上。小家伙放下打火机说："老板，我给您捶捶背吧！"说完一手揽花，一手在他背上捶起来。

另一位同事冲我们使使眼色，故意说："我可不买花啊！"小家伙嘿嘿一笑："老板您不用买花，一会儿给点赏钱就行，这种服务……"听到这儿，另一位同事连连摆手："好了好了，我看还是买一枝合算。"忙掏出十元钱递过去。

小家伙深深鞠了一躬，道了声谢便转身跑了。我们不禁赞叹他的机灵劲儿。说实话，我们三个可都是公司的销售精英，没想到今天几分钟便让一个卖花童"拿下"，实在出乎意料。

当我们走出酒店时，看到几乎每张桌子上都摆着几枝玫瑰，连保安的衣兜里都插着一枝……这下我们服了！

　　在与客户的沟通中，幽默语言不仅可以缓和谈话的气氛，打破僵局，还可以用幽默的语言刺激客户的消费欲望，让客户在不知不觉中按照销售人员的引导进行消费。

　　成功的沟通，源自语言的艺术。出色的销售人员，是一个懂得如何把语言的艺术融入商品销售中的人。美国一项有329家大公司参加的幽默价值调查表明：97%的销售人员认为，幽默在销售中具有很重要的价值；60%的人甚至相信，幽默感决定销售事业成功的程度。

　　有一个真实的笑话。有两家保险公司的销售人员在销售本公司的保险业务时，争相夸耀自己公司的服务如何周到，付款如何迅速。A公司的销售人员说，他的保险公司十有八九是在意外发生的当天就把支票送到投保人的手中。而B公司的销售人员也不甘认输，于是便取笑说："那算什么！我们公司在一幢四十层大厦的第二十三层。有一天，我们的一位投保人从顶楼摔下来，当他在摔落的途中经过二十三层时，我们就已经把支票塞到了他的手里。"其结果是那位B公司的销售人员赢得了更多的客户。

　　这虽然是个笑话，却能让人感受到幽默的魅力。可见，幽默是销售成功的金钥匙，它具有很大的感染力，能迅速打开客户的心灵之门，让客户在会心一笑后，对销售人员、对商品或服务产生好感，从而引发购买欲望，促成交易的迅速达成。

　　对于销售人员而言，把幽默带进销售领域，创造一个与客户齐声大笑的场面，形成幽默的销售艺术风格，在激烈的市场竞争中就会多一分获胜的希望和意外的欣喜。

有效说服客户，达到成交目的

成功学大师戴尔·卡耐基说："一个人的成功，约有15%取决于知识和技术，85%取决于沟通——发表自己意见和激发他人热忱的能力。"也就是说，你的成功取决于你能更好地去说服别人。销售人员的说服能力，是获得成功交易的必要条件。因此，只有最会说服人的人才有可能成为最出色的销售人员。

因纽特人居住的格陵兰岛是世界第一大岛，那里到处都是冰雪，巨大的冰盖占据了70%以上的面积。如果作为冰饮公司的销售人员，你怎样才能把冰块卖给因纽特人呢？

看看美国销售大师汤姆·霍普金斯是如何做的。

"您好！我叫汤姆·霍普金斯，在北极冰饮公司工作。我想向您介绍一下北极冰的许多益处。"

"北极冰？真有意思。这里到处都是冰，而且不用花钱，我们甚至就居住在冰屋子里。"

"是的，先生，看得出您很注重生活质量。能解释一下为什么这里的冰不用花钱吗？"

"很简单，因为这里遍地都是冰。"

"您说得非常正确。您使用的冰就在您的周围，而且日日夜夜，无人看管！"

"没错，这种冰太多了。"

"是的，先生。现在冰上有你和我，那边还有正在清除鱼内脏的邻居，有嬉戏玩闹的小孩，还有北极熊留下的脏物……请您设想一下好吗？"

"我宁愿不去想它。"

"也许这就是为什么这里的冰会不用花钱，能说这就是'经济合算'吗？"

"对不起，我突然感觉不大舒服。"

"我明白。在饮料中放入这种无人保护的冰块，必须先进行消毒才会真正感觉舒服，是吧？那您如何消毒呢？"

"煮沸吧，我想。"

"是的，先生。煮过以后您又能剩下什么呢？"

"水。"

"将冰块煮沸，冷却成水，再冻成冰块，这样是在浪费您自己的时间。假如您愿意接受我们的服务，今天晚上您的家人就能享受到干净、卫生又富有口味的北极冰饮料。噢，对了，我很想知道您那位清除鱼内脏的邻居，是否也乐意享受北极冰带来的好处呢？"

"您这种冰块饮料的价格是怎样的？"

汤姆·霍普金斯就要成交了！

在整个过程中，因纽特人从最初的排斥、怀疑，到最后的认同、接受，发生了一系列复杂的心理变化。世上没有做不到的只有想不到的，销售人员不能总是想着别人会怎么拒绝自己，应该想想怎样做客户才能接受自己。

看了上面的案例，你就会明白：销售商品的过程，就如同你向对方求爱的过程，因此也并不是每一个人的第一次求爱就会获得成功。每一个做销售的新手都会有一个通病，那就是在刚开始销售产品的时候，都只往好处去想，满怀憧憬，总是喜欢幻想着与客户第一次见面，就可能达成共识，然后卖出你的产品，签下订单。可是实际上却并非如此，所谓"希望越高，失望越大"。因为如果你没有做好充分的心理准备，那么一旦遭到客户的拒绝，你心里受到的打击就越大，也会更加难以忍受。

当然，如果能在会见客户之后，就能对客户一般的拒绝方式及理由进行一番研究或者探讨的话，那么你就会在与客户的会见中抢得先机，先发制人，即所谓的"知己知彼，百战不殆"！

一、客户拒绝的借口

客户真正的反对理由并不多，大多数只不过是他们的借口罢了。以下列举了客户拒绝销售人员的十大借口。

（1）我从来不会因为一时冲动而做出决定，因此我需要再考虑，考虑一下，过几天再答复你。

（2）我们今年的财政预算已经用完了，因此暂时不再考虑购买新的产品。

（3）我们公司希望用品质及售后服务更好、更上档次的产品。

（4）这一项目还没有完全开始，请过一段时间再来吧。

（5）我们跟其他公司已经合作多年了，因此暂时不会考虑换厂家。

（6）你们的价位太高了，产品的品质及服务也太差了。

（7）现在生意不好做，所以我们暂时不考虑扩大投资。

（8）这方面的事不归我负责，或者是我得和领导（妻子、恋人、合伙人、律师等）商量之后再回复你。

（9）我们对你们公司不了解或者是对你们公司的产品根本就没有兴趣，

因此不会采用你们的产品。

（10）我们已经购买了同类产品。

以上这些理由并非全部是客户真实的想法，但却使作为销售人员的你与客户的谈判因此而卡壳、中断，甚至无法再正常地进行下去。因此，如何辨别真伪，去伪存真，对客户的拒绝进行正确的判断、分析和应对，是每一个销售人员必须学会的头等大事。

实际上，以上异议并不一定是客户的真实异议，可能只是客户委婉拒绝的一种方式。客户产生异议的主要原因也许是客户想和厂家讨价还价，还想向厂家争取更加优惠政策；也许是客户对厂家及厂家产品不了解，缺乏信心；或者是客户听信了其他人的话，心中有所顾虑；也可能是客户没有增加经营厂家或品牌的需求。

二、分析和判断

面对客户的异议与拒绝时，销售人员不要轻易地下结论，首先要分析和判断客户异议的真假及产生的原因，然后才能做到对症下药。

那么，什么才是客户拒绝销售人员的真正的理由呢？

（1）客户最近确实资金紧张，或者根本就贷不到所需的款项，确实没钱。

（2）客户有钱，但是因为太过于小心谨慎，因此不敢轻易下决定。

（3）自己根本就拿不定主意，需要与别人商量。

（4）客户在心目中已经有了别的可以取代的产品了。

（5）客户心里有别的更划算的买卖。

（6）客户心里另有打算，或者有一些难以告人的秘密，不可以告诉你的。

（7）不想更换原来的供应商。

（8）想得到更好的性价比。

（9）此时忙着处理其他更重要的事，因此暂时不考虑采购的事。

（10）不信任你或者不喜欢你，对你和你的商品没信心，对你们的公司也没有信心。

销售人员只有先找出客户真正的反对理由，然后才能想方设法战胜它引导客户，才能获得销售的成功，才能让销售行为最终变为可能！

给客户一个热情洋溢的开场白

"万事开头难"，销售人员在与客户的接触中，最难的就是开篇一席话。销售实战经验表明，最好的吸引客户注意力的时间就是当销售人员在开始接触客户的前30秒钟，只要销售人员能够在前30秒钟内完全吸引住他的注意力，那么在后续的销售过程中就会变得更加轻松。作为销售人员，在你一开始和客户接触的前30秒钟，你的行为或者你说话的内容，会让客户决定是不是要继续听你说下去。因而，你的这前30秒钟开场白，当然是最重要的。

以下就是销售人员刘先生与客户李经理第一次见面时的开场白。

销售人员刘先生如约来到客户李经理的办公室："李经理，您好！看您这么忙还抽出宝贵的时间来接待我，真是非常感谢啊！"（感谢的话让李经理听着很舒服）

"李经理，办公室装修得虽然简洁却很有品位，可以想象到您应该是个做事很干练的人！"（赞美的话谁都喜欢听，特别是像经理一级的人）

"这是我的名片，请您多多指教！"（有意抬高客户，让其有优越感）

"李经理以前接触过我们公司吗？"（给客户一点时间，让客户回答）

"我们公司是国内最大的为客户服务、提供个性化办公方案的公司。我们了解到现在的企业不仅关注提高市场占有率和利润空间，而且也关注如何节省管理成本。考虑到您作为企业的负责人，肯定很关注如何最合理配置您的办公设备、节省成本。所以，今天来与您简单交流一下，看有没有我们公司能协助的。"（说明此次来的目的，突出客户的利益）

"贵公司目前正在使用哪个品牌的办公设备？"（提问结束，让客户回答）

李经理面带微笑非常详细地和销售人员刘光生谈了起来。

通过上面这个案例可以看出，开场白要达到的目标就是吸引客户的注意力，引起客户的兴趣，使客户乐于与销售人员继续交谈下去。该案例的销售人员就是通过很好的开场白吸引了客户，有了漂亮的开场白，从而向促成销售迈进了一步。

销售人员在与客户沟通时，前几分钟是至关重要的，并且在很多时候，第一句话的印象可以关系到整个交易的成败，即开场白的表达方式会决定是否能够打动客户的心。如果销售人员一开始就吸引了客户的注意力，那么很可能整个交易过程都会变得很顺利。

在销售人员与客户见面的时候，可试着用以下几种开场白。

一、寒暄式开场白

销售人员和客户先叙饮食起居，拉家常，由个人的身体、工作，谈到家庭、孩子的情况，天南海北地扯一通，说点新闻，说点笑话，使销售气氛融洽亲热，然后才引入正题。

二、提问式开场白

销售人员可以找出一个和客户需要有关系的，同时又是所销售产品能给对方带来满足的问题，以得到客户的正面答复。对于那些有可能得到客户否定回答的问题，则应该小心谨慎地去提问。例如，你可以问："您希望减低20%的原料消耗吗？"你甚至可以连续地向客户发问，以引导客户注意你的产品。比如可以这样提问："您看过我们的新节能产品吗？""没看过呀！""这就是我们的产品。"同时将样品展示，接着再说："敝公司派我特地来拜访您。您觉得我们的产品如何？"

三、说故事式开场白

有时以说一个有吸引力的故事或笑话开场，也可以收到良好的效果，但在这样做的时候一定要注意，说故事的目的不仅仅是为了让客户感到快乐，所说的内容一定要与你的销售工作有某种关联，或者能够直接引导客户去考虑你的产品。

四、引旁证式开场白

在唤起客户注意方面，销售人员广泛引用旁证往往能收到很好的效果。在香港，一家著名的保险公司销售经纪人常常在自己的老主顾中挑选一些合作者，一旦确定了销售对象，公司征得该对象的好友张先生的同意，上门访问时他这样对客户说："张先生经常在我面前提到您呢！"对方肯定想知道到底说了些什么，愿意听这位经纪人说下去。

五、单刀直入式开场白

熟人之间遇到急事往往采取这种形式。"无事不登三宝殿"，就直接打开话匣子，进行点题了，全盘托出，引入本题。这种方式必须要求对销售的对方十分了解，无须多加寒暄，或者在事情太急的情况下才可使用。因为这种方法太直率，如果不了解对方心情，不设身处地替对方着想，往往很难取得满意的效果。因此，销售人员要看情况使用，不宜随处滥用。

六、借题发挥式开场白

销售时先不直接明言，而是借别的问题加以发挥，逐步引入正题，也是销售人员经常使用的一种开头方法。用这种方法谈话的效果是非常好的。在销售过程中，双方的进言、劝说，特别是碰到对方思想不通的时候，销售人员使用这种方法往往可以获得满意的销售效果。

七、比喻引入式开场白

在销售活动中，双方洽谈时的比喻有明喻、暗喻、借喻之分，但谈话主要用明喻，因为它能使对方明白和理解。

八、赠送礼品式开场白

以赠送诸如钢笔、笔记本等一类的小礼品作为开场要注意所赠送的礼品一定要与所销售的产品有关系。这一点很重要，因为这样一来完全可以在送礼品的同时，顺便地提起销售人员所想进行的交易，这也就是销售人员的真实目的之所在。

九、引用别人的意见作为开场

如果销售人员真的能够找到一个客户认识的人，并且愿意为你们牵线搭桥的话，那么你自然可这样说："王先生，您的同事李先生要我前来拜访，跟您谈一个您可能会感兴趣的问题。"这时，客户可能会很痛快地就接受了你的来访，而且他对你也会感到比较亲切。

一次成功的展示胜过千言万语

常言道："百闻不如一见。"销售人员的语言无论多么生动，其效果也绝比不上让消费者亲眼看一看产品的特征和效能。实证比巧言更具有说服力，所以人们常看见有的餐厅前设置菜肴的展示橱窗；在服饰的销售方面，则衣裙服装等也务必穿在人体模型身上；房地产公司也都陈列着样品间，正在别墅区建房子的公司，为了达到促销的目标，常招待大家到现场参观。口说无凭，如果放弃任何销售用具（说明书、样品、示范用具等），当然绝无成功的希望。

国内某家电生产厂家新生产出一种质量上乘的洗衣机，这种洗衣机得到了国家认可的5000次无故障运行。

为了迅速占领市场，该厂家想出了一个绝妙的广告宣传方法：为了向消费者证明这种洗衣机的质量正如同产品研发部门所说的"连续使用5000次无质量问题"，该厂家在北京王府井大街上的黄金地段租了一个小亭子，然后把新研发出的洗衣机放在小亭子里供来往的行人参观。

那台放在王府井大街的洗衣机一直处于启动状态，而且完全公开地接受群众监督，绝对不可能出现中途另换一台同样洗衣机的现象。那台洗衣机迅速引起了人们的关注，结果在它连续无故障运转了5000次以后，该厂家生产的这种洗衣机迅速占领了大片市场，一举成为消费者心目中的名牌产品。

　　成功的产品展示和解说是有效说服客户的方式。要让客户信任并接受，就要很好地把产品呈现给客户。这个公司就是运用了有效的展示和产品实证，让客户接受，在激烈的竞争中占领了市场。

　　销售人员在向陌生的客户介绍产品时，必须进行有效的产品展示——示范演示。通过对产品功能、性质、特点等的展示及使用效果的示范表演等，使客户看到购买产品后所能获得的好处和利益。产品为客户带来的好处及利益是促使客户购买的真正动机。客户希望能在销售人员口头介绍产品的信息后，能亲眼看到，甚至亲身体验到产品的优势与作用，以加深认识和记忆，这就是"百闻不如一见"的道理。

　　曾经有这么一位啤酒的销售人员，用一个非常简单的演示，大大提高了他的销售业绩。每当他到饭店、旅馆、餐厅或一些其他地方拜访潜在客户时，他总是这样说："您好！我是×××，我来这儿，并不是想向各位销售什么产品，只是想请您配合我做一个简单的试验。"

　　在得到了潜在客户的同意后，他会打开一瓶潜在客户当前正在使用的品牌的啤酒，再打开一瓶自己品牌的啤酒，然后从每瓶酒中各倒出一杯，盖住瓶盖，最后请潜在客户将两瓶酒放到冰箱里。

　　一个星期以后，他会再次拜访这个潜在客户，从冰箱里拿出两瓶啤酒，重新打开之后，他的啤酒与第一次打开时一样——泡沫丰富，而客户所用的那瓶酒几乎没有什么泡沫了。他的演示打动了绝大多数潜在客户的心，他们纷纷向他订货。

　　这就是演示的作用，也是销售人员要高度重视演示的原因。有说服力的演示，在一定程度上可以极大地促进产品的销售；良好的销售陈述，能将自己所销售的产品与其他公司的产品明显地区别开。

成功的产品展示往往能够一下子抓住客户的视线，激发客户了解、参与的欲望，迅速达成交易。所以，要打动客户就得让他们在演示参与中充分感受到产品的吸引力，并对其性能赞声不断。

一、重点展示客户的兴趣集中点

作为销售人员，在发现了面前客户的兴趣集中点后，可以重点展示给他们看，以证明你的产品可以解决他们的问题，适合他们的需求。当然如果你的客户是随和型的，并且当时的气氛极好，时间充裕，你可以从容不迫地将产品的各个方面展示给客户。但是，大部分客户都不会喜欢被占用他们过多的时间，所以有选择、有重点地展示产品是很有必要的。

二、让客户参与展示过程

如果销售人员在产品展示过程中能邀请客户加入，则效果更佳，这样给客户留下印象更深。在产品展示时你可以请客户帮你一点小忙，或借用他方便而不贵重的用具等，总之想办法让客户参与进来，而不是在一边冷眼旁观。如果你销售的产品使用起来很方便或是人们经常使用的，那么你放心地让客户去试用，效果一定不错。

三、用新奇的动作提高客户兴趣

在产品展示过程中，销售人员的新奇动作会有助于提高客户的兴趣。对于商品的特殊性质，新奇的动作往往会将它们表现得淋漓尽致。比如，一般推销干洗剂的销售人员会携带一块脏布，当着客户的面将干洗剂喷涂在脏布上，然而假如你一改常态，先将穿在自己身上的衣服袖子弄脏一小块，然后再干洗净它，这样的展示效果一定要好于前者。

四、产品展示要有针对性

作为销售人员，如果你所销售的商品具有特殊的性质，那么你的展示动作就应该一下子把这种特殊性表达出来。比如，你在推销一种保险玻璃，你就应该随身带一块玻璃样品和铁锤，当着客户的面，用铁锤敲击玻璃，客户一定会在惊讶中产生购买的欲望。当你继续与他交谈的时候，你就会发现你们之间的谈话是那么易于进行，交易也就很快达成了。

五、展示动作要熟练

在产品展示过程中，销售人员一定要做到动作熟练、自然，给客户留下利落、能干的印象，同时也会对自己驾驭产品产生信心。谨记销售人员的态度将直接影响客户的选择。

六、产品展示时要心境平和、从容不迫

在整个产品展示过程中，销售人员要心境平和、从容不迫。尤其遇到展示出现意外时，销售人员不要急躁，更不要拼命去解释，这样容易给客户造成强词夺理的印象，前面的一切努力也就付诸东流了。

一旦出现问题，销售人员不妨表现得幽默一点，让客户了解这只是个意外罢了，那么谨慎地再来一次展示是必不可少的。

客户的拒绝和应对技巧

市场是最大的教室，客户是最好的老师。客户的拒绝处理妥当了，距离签约的时刻就不远了。

作为销售人员，要上门销售自己的商品或服务，就意味着必须闯进一个陌生人的领地，而客户也会把你当作一位陌生人。人们虽然害怕孤独寂寞，渴望更多的朋友和更多的理解，但是面对陌生人又有一种本能的戒备心理和抵触情绪。因此对于一位销售人员来说，客户在考虑是否购买商品或服务之前，往往将你当作一位陌生人，不假思索地采取疏远态度，甚至拒之门外。

作为一位优秀的销售人员，首先要善于推销自己，具备很快接近客户并打消客户戒备和抵触心理的本事，从而达到成功销售商品或服务的目的。这就要求销售人员在走出公司大门之前就要将客户可能会提出的各种拒绝列出来，然后考虑一个完善的答复。面对客户的拒绝，销售人员事前有准备就可以胸中有数，从容应付；事前无准备，就可能张皇失措。因此，销售人员应在事前先对拒绝做一些预测，研究处理的方法。

加拿大的一些企业专门组织专家收集客户拒绝并制定出标准应答语，要求销售人员记住并熟练运用。

编制标准应答语是一种比较好的方法。具体程序是：

步骤1：把每天遇到的客户拒绝记录下来。

步骤2：依照出现频率的高低把每一种拒绝列序。

步骤3：以集体讨论方式编制适当的应答语，并编写整理成文章。

步骤4：定稿备用，印成手册发给大家，以供随时翻阅。

步骤5：记熟，达到运用自如、脱口而出的程度。

下面根据一些销售人员做销售时常遇到的客户所说的拒绝的话，列出了一些应答供你参考。当然，答案不是唯的一，也不一定是最好的，也许你会有更出色的应对。

（1）"我没什么兴趣。"

应对的技巧是：

A："这点我能了解，在您还没看清楚一事物前，不感兴趣是正常的。"

B："不过，我希望您能给我个机会让我为您讲解，不知道您明天下午或后天下午哪段时间不太忙？"

（2）"我不会买。"

应对的技巧是：

A："为什么？"

B："没关系，您听听后再决定。不知您明天上午或下午是否有空？"

（3）"我没有钱。"

应对的技巧是：

A："您觉得要很多钱吗？"

B："您太马虎了。不过，听听对您没什么损失啊！请问您明天或后天……"

（4）"我不需要。"

应对的技巧是：

A："您不是不需要，而是不想要吧？"

B："您可能不需要，但是您的家人需要啊！"

（5）"我太忙了。"

应对的技巧是：

"×先生，就是想到您可能太忙，所以才先拨个电话和您约个时间，而不冒冒失失地去打扰您。请问您明天上午或下午哪个时间比较方便？"

（6）"这是在浪费您的时间。"

应对的技巧是：

A："×先生，我觉得花这点时间是很值得的。不知道您今天下午有空，还有明天下午有空？"

B："哇！您人真的很好，这是为我们销售人员着想，我一定非认识你不可，请问您明天上午有空，还是明天下午有空？"

类似的拒绝还有很多，这里无法一一列举出来，但是处理的方法其实是一样的：判断客户所提的问题性质属于拒绝的哪一类，并做出应对。把拒绝转化为肯定，让客户拒绝的意愿动摇，销售人员乘机跟进，引导客户接受自己的建议。处理拒绝的技巧，关键是抓住人心，懂得分析客户拒绝背后的真正问题。事后，从拒绝中吸取教训，不妨反思一下他说的是否有可取之处。

处理拒绝的方法很多，真正的高手是没有招术的，销售技巧因人而异，也不是今天学了明天就能用的。当销售人员越来越忘记销售技巧的时候，你的技巧才是真正越来越纯熟了。

销售是一个具有一定难度的工作，再成功的销售人员也会遭到客户的拒绝，销售就是从被拒绝开始的。问题在于成功的销售人员把被拒绝视为正常现象，并养成了对吃闭门羹不太在意的气度，无论遭到如何不客气的拒绝，都能保持彬彬有礼，而且毫不气馁。一个优秀的销售人员，要从客户拒绝的借口中看穿其本意，并善于改变对方的观念，把他冷漠的抗拒变为对商品的关心，从面销售出自己的产品。

第五章 学会谈判，
获得双赢，成交更长久

欲擒故纵，放长线钓大鱼

乔·吉拉德是世界上最有名的营销专家之一，被吉尼斯世界纪录誉为"世界上最伟大的推销员"。他独创了一种巧妙的促销法——有节奏、有频率地"放长线钓大鱼"，被世人广为传诵。乔·吉拉德认为所认识的人都是自己潜在的客户。对这些潜在客户，他每年要寄12封广告信函，每次均以不同的色彩和形式投递，并且在信封上尽量避免使用与他的行业相关的名称，这样，乔·吉拉德的名字每年就有12次机会在愉悦的气氛中来到这个家庭。

乔·吉拉德没说一句"请你们买我的汽车吧"，但这种"不说之语"，不讲推销的推销，反而给人们留下了最深刻、最美好的印象。等到他们打算买汽车的时候，往往第一个想到的就是乔·吉拉德。

下面这个案例让人耳目一新。

有一个人买了一台摄像机，却无生意可做，于是找他的朋友商量对策。他的朋友给他出了个点子，让他到幼儿园把孩子们的活动录下来。他真的按朋友的建议去了十几家幼儿园，拍摄了3000多个孩子的生活录像，编号存档，并送给每个孩子一张照片，背面留下了通信地址。

十几年后，他的录像带成了抢手货，平均20美元一盘。有一位美国家长看到自己孩子的那些珍贵镜头后，一高兴就给了他1000美元。

销售的成功，往往需要时间的积累。客户签单需要有一个过程，有的客户从认识到签单，要经历2至3年甚至更长的时间。因为思想和观念的改变、经济状况的好转等影响因素往往不是一蹴而就的，所以做销售不应急于求成，而是要学会长期经营。

销售人员做销售可以这样对客户说：

"这件艺术品很珍贵，我不想让它落到附庸风雅、不懂装懂的人手里。只有那些真正有品位，真正热爱艺术，真正懂得欣赏的人，才有资格拥有这么出色的艺术珍品。我想如果您不感兴趣，我也就不再勉强了……"

"我们准备只挑出一家打交道，不知道你够不够资格……"

"我知道，你们不想被人逼着买下东西，但是我更希望你们走的时候带着成就感。你们好好商量一下吧。我在旁边办公室，有什么问题，随时叫我一下。"

另外，销售人员还可以将欲擒故纵的销售技巧运用在动作上，轻轻地把客户正爱不释手的商品拿过来，造成对方的"失落感"。还可以让对方离开尚未看够的房子、车子，等等。采用这个技巧时，掌握分寸最为关键，万万不能给人以粗暴无礼的印象。

在销售中，有时候即使双方都做出了让步，销售仍然陷入僵局时，销售人员便可以采用这种以退为进的办法，迫使对方接受你的条件。但是还需要注意，你必须确信销售双方还存在共识，而且主动权在销售人员手里，你有绝对取胜的把握才可以，否则决不能纵敌。猫抓老鼠，经常玩"欲擒故纵"的把戏，就是因为猫有必胜的把握。

一次，我国某市在与某国某大型企业的销售谈判中，双方耗数月之久，耗资亦达几万元。虽然达成了一些初步协议，但在推销进入关键时刻，外方派出一员大将，他全盘否定了以前达成的所有协议，要求从头开始。当时双方争论起来，气氛十分紧张。

我方负责人即该市市长经过一番缜密思考后，突然拍案而起，说道："看来我们无须再继续浪费时间和精力了。既然贵公司全盘否定以前的推销，我们也只好放弃，另谋他路了，先走一步。"说完，他带着随行人员撤出谈判席。

秘书不解地问市长："我们是否太过急躁了？"市长笑了笑答道："我们又不是真的离开，走，到我的房间去等着。"结果，半小时后，外方代表即同意对双方协议做出全面让步并声明以前谈判完全有效。

在上述这个案例中，这位市长就是在有必胜的把握的前提下，巧妙地运用了欲擒故纵的技巧，使对方被迫妥协的。可见，在销售谈判中，掌握客户的心理，适当运用一些心理战术能够起到意想不到的作用。

另外，在"纵"的过程中也要做到恰到好处，这需要销售人员有老练的经验和娴熟的口才，对客户的反应能够做到察言观色。下面案例中的女销售员就将这一点做得很到位。

有一个女销售人员推销一套价格相当高的百科全书，但取得的业绩却惊人。同行们向她请教成功秘诀，这位美丽的女销售人员说："我选择夫妻都在家的时候上门推销。我先对那位丈夫说明来意并进行推销。讲解结束后，总要当着妻子的面对丈夫说：'你们不用急着做决定，我

下次再来。'这时候，妻子一般都会做出积极反应。"

在促成交易时，上述女销售人员善于把握时机、察言观色，充分利用自己的经验及女客户的心理，让她不愿意"再次商谈"，从而使客户立即成交。销售人员应该学着慢慢积累这方面的经验。

俗话说："放长线钓大鱼。"所谓"长线"就是"故纵"的"纵"。很多销售人员害怕如果一不小心弄断了"线"，就钓不到"鱼"了。那么请你换位思考一下，当一个销售人员对你说："也许，这个不适合你，我劝你还是不要轻易地购买。"你会多么轻松，多么感动！同样，你把这句用在客户身上，效果不是一样吗？勇敢点，说出："恐怕这个不适合你的情况，请你慎重考虑！"这样，客户反而更愿意成交。

退一步来讲，一个人要想钓大鱼，总得经过几次鱼饵被吃掉，鱼钩被摆脱的教训。就算丢掉一两笔生意也没有关系，注意总结经验教训，不断学习了解客户的心理。这样，鱼饵会做得越来越香，鱼钩也放得越来越巧妙，线也会越来越结实，一拉一放掌握好节奏……总有一天，你会发现，你运用欲擒故纵的技巧已经炉火纯青了。

说服对方促使谈判成功

在销售谈判中，很重要的工作就是说服，常常贯穿于谈判的始终。那么，如何在销售谈判中说服对方接受自己的观点，以及应当怎样说服对方，从而促成谈判的和局，就成了谈判成功的一个关键。

当某公司第一次制造电灯泡时，公司的董事长召集各地的代理商开会，在向他们介绍完这项新产品之后，他说了一段举座皆惊的大实话："经过多年来的苦心研究和创造，本公司终于完成了这项对人类有大用途的产品。虽然它还称不上第一流的产品。只能说是第二流的，但是，我仍然要拜托在座的各位，以第一流产品的价格，来向本公司购买。"

"一石惊起千层浪"，在场的代理商都不禁哗然："咦！董事长怎么会说出这样的话？我们又不是傻瓜，怎么会以第一流产品的价格去购买第二流产品？董事长糊涂了吧……"大家均对董事长报以满是疑惑的目光。

"各位，我知道你们一定会觉得很奇怪，不过，我仍然要再三拜托各位。"

"那么，请你陈述你的理由吧！"

"大家都知道，目前制造电灯泡可以称为一流的，全国只有一家而已。因此，他们算是垄断了整个市场，即使他们任意抬高价格，大家也仍然要去购买，是不是？如果，这时有了同样优良的产品，但价格便宜一些的话，对大家不是一项福音吗？否则大家只能置于垄断价格的阴影之下。"

董事长继续侃侃而谈，而且打了一个生动的比方："就拿拳击赛来说吧，毫无疑问，拳王的实力谁也不能忽视！但是，如果没有人和他对擂的话，拳击赛也就无法成立了。因此，必须有一个实力相当、身手矫健的对手来和拳王打擂，这样的拳击才精彩。不是吗？"

董事长顿了顿，留给大家一小段思考的时间，又接着说："现在，灯泡制造业就好比只有拳王一个人。因此，你们对灯泡业是不会发生任何兴趣的，同时，也赚不了多少钱。如果这个时候出现一位对手的话，就有了互相竞争的机会。换句话说，把优良的产品以低廉的价格提供给各位，大家一定能得到更多的利润。"

"董事长，你说得不错。可是，目前并没有另外一位对手呀？"

"我想，另一位对手就由我来充当好了。为什么目前本公司只能制造第二流的电灯泡呢？这是因为本公司资金不足，无法在技术上突破。如果各位肯帮忙，以一流产品的价格来购买本公司二流的产品，这样我就会得到较丰厚的利润。把这笔资金用于改良技术，我相信不久的将来，本公司一定可以制造出一流的产品了。这样一来，灯泡制造业就等于出现了两个拳击者，在彼此大力竞争之下，品质必然会提高，毫无疑问，价格也会降低。到了那个时候，对大家均有利。此刻，我只希望你们能帮助我扮演好对手这个角色，但愿你们能不断地支持，帮助本公司渡过难关。因此，我希望各位能以一流产品的价格，来购买这些二流产品！"

一阵热烈的掌声响起来了，经久不息，董事长的话产生了极大的回响。谈判在愉快而感人的气氛中结束，董事长获得大家的支持。果然，公司不负众望，1年后，这家公司所制造的电灯泡终于以第一流的品质出现，那些代理商也得到了很令他们满意的报酬。

上例中的董事长抓住了经销商的利益要害，晓之以情，动之以理，很有说服力。

在谈判中，说服即设法使他人改变初衷，心悦诚服地接受你的意见，这是一项非常重要的技巧，同时它也是一项较难掌握的技巧，其技巧性很强，往往是多种方法、多种策略的综合应用。

一、由小及大，招招紧跟

在说服别人时，可以采用由小及大的方法，分步骤分阶段去分析事理，这是一种得寸进尺，招招紧跟的说服方法。此法的好处是容许被说服者在接受说服的过程中，存在一个认识过程，获得一些全新的认识。

美国费城电气公司的销售人员威伯到一个州的乡村去推销电，他叫开了一所富有农家的门，户主是位老太太。她一开门见到是电气公司的，就猛然把门关上。

威伯再次叫门，门勉强开了一条缝。威伯说："很抱歉，打扰您了。我知道您对电不感兴趣，所以这一次登门并不是来向您推销的，而是向您买些鸡蛋。"老太太消除了一些戒意，把门开大了一点，探出

头，用怀疑的目光望着威伯。威伯继续说："我看见您喂的多米尼克鸡种很漂亮，想买一打新鲜的鸡蛋带回城。"接着充满诚意地说："我的来亨鸡下的蛋是白色的，做的蛋糕不好看，所以，我的太太就要我来买些红皮的蛋。"这时候，老太太从门里走出来，态度比以前温和了许多，并且和他聊起了鸡蛋的事，威伯指着院子里的牛棚说："老太太，我敢打赌，您养的鸡肯定比您丈夫养的牛赚钱多。"老太太被说得心花怒放。长期以来，她丈夫不承认这个事实。于是她把威伯视为知己，并高兴地把他带到鸡舍参观。威伯一边参观，一边赞扬老太太的养鸡经验，并说："您的鸡舍，如果能用电灯照射，鸡蛋的产量肯定还会增加。"老太太似乎不那么反感了，反问威伯用电是否合算。威伯给了她圆满的回答。两个星期后，威伯在公司收到了老太太交来的用电申请书。

威伯的诀窍就在于他不急于求成，而是采用了由小到大，招招紧跟的说服方法，一步一步具体而又细致地为对方剖析情势，为其出谋划策，这就一步一步地把双方的心理距离拉近了，促使老太太态度一点一点地发生改变，就这样由小到大地一步一步接近预定目标，最终取得了说服的成功。

二、以退为进

劝说别人特别是那些抱有成见的人，最好的办法就是退一步。在当前劝说受阻的情况下，先暂时退让一下很有好处。退让态度可以显示出你对对方的尊重，从而赢得对方的好感，使其在心理上得到满足，这样再亮出你的观点来说服他们就容易多了。

以退为进的说服方法在经济谈判中运用得较多，双方谈判如同兵战，能否灵活、娴熟地运用以退为进的战术，直接关系到谈判的成败。

美国一家大航空公司要在纽约城建立一座航空站，想要求爱迪生电力公司能以低价优惠供应电力，但遭到婉言谢绝，该公司推托说公共服务委员会不批准，他们爱莫能助，因此，谈判陷入僵局。航空公司知道爱迪生电力公司自以为客户多，电力供不应求，对接纳航空公司这一新客户兴趣不浓，其实公共服务委员会并不完全左右电力公司的业务往来，说公共服务委员会不同意低价优惠供应航空公司电力，那只是托词。

航空公司意识到，再谈下去也不会有什么结果，于是索性不谈了。同时放出风来，声称自己建发电厂更划得来。电力公司听到这则消息，立刻改变了态度，并主动请求公共服务委员会出面，从中说情，表示愿意给予这个新客户优惠价格。结果，不仅航空公司以优惠价格与电力公司达成协议，而且从此以后，大量用电的新客户，都享受到相同的优惠价格。

在这次谈判中，起初航空公司在谈判毫无结果的情况下想了一个计策，声称自己建厂，这就是退一步，并放出风来，给电力公司施加压力，迫使电力公司改变态度低价供电。这样航空公司先退一步，后进两步，赢得谈判的胜利。

投石问路，打探对方真实意图

在谈判中要想在短时间内了解对方的底细，在接触时围绕谈判的主题，那么销售人员必须抓住要害来提问。发问是使自己"多听少说"的一种有效方法。"问"能引起他人注意的问题，促使谈判顺利进行；"问"能获取所需信息的问题，以此摸清对手底细；"问"能引起对方思考问题，控制对方思考的方向；"问"能引导对方做出结论，达到己方的目的。

迈克是一位卡车销售人员。一次，他向一位客户推销载重量大的卡车。没想到他的竞争对手，专卖小马力卡车的塞姆刚好也在场，于是他受到了塞姆的反驳。塞姆告诉这位客户，他们从来就不卖载重量大的卡车，操作麻烦还浪费油。这样一说，客户显然有些犹豫了，但是迈克还是想说服客户。他首先想知道买方究竟是否有意买大马力的载重车，于是，他采用了很巧妙的方法来探知对方的真实想法。

迈克："你们那里是冬季较长吧？如果车在丘陵地区行驶，车的机器和车身所承受的压力是不是比正常情况下要大一些？"

买方："是的。"

迈克："你冬天出车的次数比夏天要多些吧？"

对方："冬天比夏天多得多呢，我们夏天的生意不是太好。"

由此，迈克知道了对方的生产销售有季节性差异这一特点。

迈克："有时货物太多，又在冬天的丘陵地区行驶，汽车是否经常处于超负荷状态？"

买方："对，那是事实，经常会遇到这样的情况。"

迈克："那么，你觉得是什么因素决定买一辆车值不值呢？"

对方："当然要看它的使用寿命了。"

这时，迈克已经得知对方买车时肯定会比较留意车型和质量。于是，他紧追不舍地说："从长远来看，一辆车总是满负荷，另一辆车从不过载，你觉得哪一辆车寿命长些？"

对方："当然是从不超载的那一辆车。但是我们的货物量很大，每次又不能少装。"

经过这一番询问和探究，迈克心中有数了。于是，他可以与推销小马力卡车的竞争对手好好较量一番了。最后的结果，自然是掌握了买方大量信息的迈克成功地与买家完成了合作。

在上述案例中，迈克并不是漫无目的地问对方问题，也不是突发奇想地问问题，而是有针对性地问。在这样不知不觉的提问过程中，他很巧妙地掌握了对方的重要信息，从而为谈判成功奠定了基础。

在谈判中，提问可以引导对方思路，更好地达到目的。但如何"问"是很有讲究的，重视和灵活运用发问的技巧，不仅可以引起双方的讨论，获取信息，而且还可以控制谈判的方向。到底哪些问题可以问，哪些问题不可以问，为了达到某一个目的应该怎样问，以及问的时机、场合、环境等，有许多基本常识和技巧需要了解和掌握。

一、做好准备

销售人员应该预先准备好问题，最好是一些对方不能够迅速想出适当答案的问题，以期收到意想不到的效果。同时，预先有所准备也可预防对方反问。

有经验的谈判人员，往往是先提出一些看上去很一般，并且比较容易回答的问题，而这个问题恰恰是随后所要提出的比较重要的问题的前奏。这时，如果对方思想比较松懈，销售人员突然提出较为重要的问题，其结果往往是使对方措手不及，收到出其不意之效。因为对方很可能在回答无关紧要的问题时已经暴露其思想，这时再让对方回答重要问题，对方只好按照原来的思路来回答问题，或许这个答案正是销售人员所需要的。

二、先听后问

销售人员在对方发言时，如果自己脑中闪现出疑问，千万不要中止倾听对方的谈话而急于提出问题，这时可先把问题记录下来，等待对方讲完后，有合适的时机再提出问题。

同时，销售人员在倾听对方发言时，可能会出现马上就想反问的念头，切记这时不可急于提出自己的看法，因为这样做不但影响倾听对方的下文，而且会暴露自己的意图，这样对方可能会马上调整其后边的讲话内容，从而使自己可能丢掉本应听取到的信息。

三、避免刁难问题

要避免提出那些可能会阻碍对方让步的刁难问题，这些问题会明显地影响谈判效果。事实上，这类问题往往只会给谈判的结局带来麻烦。提问时，不仅要考虑自己的退路，同时也要考虑对方的退路，要把握好时机和火候。

四、等待时机，继续追问

如果对方的答案不够完善，甚至回避不答，这时销售人员不要追问强迫对方回答，而是要有耐心和毅力，等待时机到来时再追问。这样做以示对对方的尊重，同时再继续回答问题也是对方的义务和责任，在时机成熟时，对方也会把握。

五、提出已有答案的问题

在适当的时候，可以将一个已经发生，并且答案是大家都知道的问题提出来，验证一下对方的诚实程度及其处理事务的态度。同时，这样做也可给对方一个暗示，即己方对整个交易的行情是了解的，有关对方的信息己方也是掌握很充分的。这样做可以帮助销售人员进行下一步的合作决策。

六、适可而止

不要以法官的态度来询问对方，也不要问起问题来接连不断。

如果像法官一样询问谈判对方，会造成对方的敌对与防范的心理和情绪。因为双方谈判绝不等同于法庭上的审问，需要双方心平气和地提出和回答问题，另外，重复连续地发问往往会导致对方的厌倦、乏味而不愿回答，有时即使回答也是马马虎虎，甚至答非所问。

七、耐心等待回答

当销售人员提出问题后，应闭口不言，专心致志地等待对方做出回答。如果这时对方也是沉默不语，则无形中给对方施加了一种压力。这时，销售人员应保持沉默，因为问题是由己方提出的，对方就必须以回答问题的方式打破沉默，或者说打破沉默的责任应由对方来承担。

八、态度要诚恳

如果销售人员提出某一问题而对方不感兴趣，或是态度谨慎而不愿展开

回答时，可以转换一个角度，并且用十分诚恳的态度来问对方，以此来激发对方回答的兴趣。这样做会使对方乐于回答，也有利于双方感情上沟通，有利于谈判的顺利进行。

九、问题要简短

在谈判过程中，销售人员提出的问题越短越好，而由问句引出的回答则是越长越好。因此，销售人员应尽量用简短的句式来向对方提问。因为当提问的话比对方回答的话还长时，销售人员就将处于被动的地位，这种提问是失败的。

提出问题是很有力量的谈判工具，因此在应用时必须审慎明确。问题决定业务谈判的方向，适当的发问常能指导谈判的结果。

事先做足功课，掌握谈判的主动权

人们常说："如果准备不成功，那你就准备着失败吧！"谈判活动是智慧、策略和技巧的比拼，谈判人员只有在充分了解谈判对手的基础上才能更好地发挥自己的智慧，施展自己的谈判策略。谈判者只有掌握了及时、准确、全面的信息，摸清对方的底细，才能在扑朔迷离的谈判桌上掌握主动权。因此，在开始谈判前，收集谈判对手的各项信息、摸清对方的底细对取得谈判的成功非常重要。这就要求谈判人员在谈判之前做好信息收集工作，尽量争取谈判中的主动权。

　　有一天，中方代表与外方代表在北京举行了一场谈判，谈判的议题是关于中国进口某国汽车的质量问题。中方代表首先发言，简单介绍了全国各地对该种汽车损坏情况的反映。外方代表深知汽车的质量问题是无法回避的，他们采取避重就轻的策略，每讲一句话，都是言辞谨慎，看来是经过反复推敲的。比如他们在谈到汽车损坏的情况时说："有的车子轮胎炸裂，有的车架偶有裂纹……"中方代表立即予以纠正："先生，车架出现的不仅是裂纹，而是裂缝、断裂！请看——这是我们现场拍的照片。"说着，随手拿出一摞事先准备好的照片递给对方。

　　在事实面前，外方代表不得不承认对手并非轻而易举就能对付。连忙改口："是的，偶有一些裂缝和断裂。"我方代表步步紧逼，毫不让步："请不要用'偶有'、'一些'那样的模糊概念，最好是用比例数字来表达，这样才更准确，更科学。""请原谅，比例数字，未做准确统计。"外方代表以承认自己的疏忽来搪塞。"那么，请看我方的统计数字和比例数字，贵公司进一步核对。"中方代表又出示了准备好的统计数字。

　　外方代表对此提出异议："不至于损坏到如此程度吧？这是不可理解的。"中方代表拿出商检证书："这里有商检公证机关的公证结论，还有商检时拍摄的录像，请过目。"外方代表想步步为营，中方代表却一步也不退让。

　　最后，在大量证据面前，外方代表不得不承认他们的汽车质量确有

严重问题，签署了赔款协议。这场谈判的胜利，与其说是中方代表精明强干，倒不如说是他们在谈判之前准备充分，资料齐全。

谈判是一种复杂、有时甚至是艰苦的活动，需要谈判双方尽可能多地掌握有关谈判主题的材料，运用多种策略和谈判技巧，有时要经过几轮的周旋双方才能达成彼此满意的协议。因此，销售人员要想在谈判中达到己方的目的，实现己方的利益，就必须在谈判之前做好充足的准备工作，对谈判的相关问题进行深入全面的调查和分析，为正式谈判阶段提供可靠有利的资料和要素。

我国某冶金公司要向美国购买一套先进的组合炉，派一位高级工程师作为中方代表与美商谈判。为了不负使命，这位高级工程师做了充分的准备工作。他查找了大量有关冶炼组合炉的资料，花了很大的精力对国际市场上组合炉的行情及美国这家公司的历史和现状、经营情况等了解得一清二楚。谈判开始，美商一开口要价150万美元。中方代表列举各国成交价格，使美商目瞪口呆，终于以80万美元达成协议。当谈判购买冶炼自动设备时，美商报价230万美元，经过讨价还价压到130万美元，中方仍然不同意，坚持出价100万美元。美商表示不愿继续谈下去了，把合同往中方工程师面前一放，说："我们已经做了这么大的让步，贵公司仍不能合作，看来你们没有诚意，这笔生意就算了，明天我们回国了。"中方代表闻言轻轻一笑，把手一伸，做了一个优雅的请的动作。美商真的走了，冶金公司的其他人有些着急，甚至埋怨高级工程师不该抠得这么紧。他说："放心吧，他们会回来的。同样的设备，去年他们卖给法国只有95万美元，在国际市场上这种设备的价格100万美元是正常的。"果然不出所料，一个星期后美商又回来继续谈判了。中方代表向美商点明了他们与法国的成交价格，美商又愣住了，没有想到眼前这位中方代表如此精明，于是不敢再报虚价，只得说："现在物价上涨得厉害，比不了去年。"中方代表说："每年物价上涨指数没有超过6%。你们算算，该涨多少？"美商被问得哑口无言，在事实面前，不得不让步，最终以101万美元达成了这笔交易。

凡事预则立，不预则废。谈判前做好充分的准备，可以让自己处于有利的境地，保证谈判顺利进行。所以，在谈判前，销售人员要做足功课，好好收集谈判对手的相关资料和信息，摸清对方的脾气和个性，如谈判对手以往比较典型的谈判案例，对方的谈判风格、谈判中惯用的方法和策略、谈判人员的个人喜好等；而且还要在谈判过程中善于察言观色，及时捕捉对方的各种信息，包括神情、动作、心理等方面。在通常情况下，销售人员掌握的信息越丰富，就越有利于掌握谈判中的主动权。

值得注意的是，销售人员搜集对方信息时要注意把握好时间。在一般情况下，在谈判之前收集信息会比较轻松；而谈判开始后，对方的防备心理比较重，此时收集信息就相对困难些，但是却更加直观和有效。

销售人员还要注意把握好收集信息的场合及形式。收集对方的信息不一定都在正式的谈判场合，有心的销售人员会从一些特殊的场合或者别人无意的谈话中发现有效的信息。比如，私人宴会或其他聚会也是了解对方、收集信息的途径，而且在这种场合下对方一般不会有太大的防范心理，容易把自己的长处和短处都表现出来。

其实，在谈判中，对方的言谈举止也能透露出一些重要的信息，比如谈判对手的双手紧绞在一起，说明他此时心情紧张，不好决断；腰板挺直，腹部突出，说明他自信；摊开双手，表示真诚，心情比较放松；而低胸垂背，则反映了对方疲倦、失望等情绪；握手既轻且短，表示对方冷淡，等等。

另外，信息的收集形式也不拘泥于单一、直接的形式，我们既可以从图书馆查阅资料，从公开发表的刊物、互联网、媒体上搜集，也可以通过一些非正式渠道收集，如聚会、对方的主要竞争者以及其他第三方，等等。不管通过什么方式，销售人员都应该提前收集好谈判对手的资料和信息，真正做到"知己知彼，百战不殆"。

扭转谈判僵局，缓和气氛

谈判以互利互惠为基础，以洽谈磋商为手段，以认可合作、签约成交为目标，但谈判又是一种竞争，其结果的"互利"并非均等式的"二一添作五"。谈判结果各方满意的程度又常常以双方的优势、实力、经验对比为转移。因此，当销售人员在谈判中感到陷入于己不利的困境时，必须善于采取一些出其不意的特殊技巧，扭转原来的危机，并从中谋求更多的利益。

　　20世纪80年代中期，美国一家大型企业来华投资兴办合资企业，在完成技术、商务谈判的许多细节磋商后，中外双方在起草合资企业的同时，发生了严重的意见分歧。美方坚持要求在合同中写明，该合同的适用法为美国某州州法，中方代表则认为这是无视我国涉外经济法规的无理要求，坚决不予考虑，双方立场僵持不下。美方负责此项谈判的福特先生花费了大量时间、精力和费用，眼看谈判将要前功尽弃，不禁黯然神伤，多次叹道："我无路可走，精神要崩溃了，要丢饭碗了。"这时，向一位通晓中外双方经济法的专家咨询，这位专家约请福特先生晤谈，从中了解到美方的要求是出于对当时中国保护知识产权方面法律体系不完备的担忧。因为若干年前，这家公司由于对公司生存至关重要的专有技术在向他国转让时未能受到应有保护而险些破产，因此他们在技术转让问题上就格外谨慎。对此，我们十分理解。于是，中方一方面直接与该公司总部的法律部主任联系，解释中国法制建设情况及对保护技术的积极态度，同时还提出一个建设性方案，即在合同中明确表达：该合同适用法为中国法律，在现有法律个别问题不完备之处，再补充几个专门的保护条款，这些补充条款适用为美国纽约州州法（因中方对美国另一州的法律知之甚少，故建议改成适用纽约州州法）。这一方案提出后，美方代表对中方的诚意十分敬佩，并很快同意中方方案，僵局随之化解。两年后合资企业已正常生产，其后几年业务不断发展，效益颇佳。1992年，美方投资者追加投资2000万美元，扩展在华业务。

　　1993年，福特先生再次陪其总裁访问中国见到老朋友时，一再强调：正是由于当初谈判僵局被巧妙化解，才给其公司业务发展带来新的生机，与中国合作取得了突破性的成就，也使其自己得到了提升，他因

此十分钦佩中国朋友的真诚与才华。

当然，今天我国的有关涉外经济法规已不断完善了，类似这样的僵局可能不会再发生，但当时处理僵局时所采取的实事求是的态度，创造性地妥协的方案，对今后谈判还是有现实指导意义的。

在谈判的过程中，由于双方维护各自的利益，使得一些项目能够达成协议，而在另一些项目上出现意见分歧，有时甚至使谈判出现了僵局。这时候，若不打破僵局，谈判就无法进行下去。要想打破僵局，一方面我们可以用语言鼓励对方在这方面努力；另一方面可以利用寻找替代的方法来完成。

一、亮底求变法

亮底求变法，就是出其不意地撇开原来已谈妥的事项，通过亮出己方的客观困难、局限性，请对方承诺己方的新要求。新的要求虽然似乎显得有点不守信用，但因我方不是以翻脸不认账的强硬态度出现，而是以己方的客观困难为据，做出合情合理的解释，有时是会获得一定效果的。

其原因有二：

一是谈判本来对对方较有利，对方更急于达成协议，他们出于"惜失心理"有可能被迫重新做出某种程度的妥协来保住前边的谈判成果。

二是人们常有某些帮助弱者实现某种愿望的自炫心理，如果己方"亮底求助"法用得好，就能引发对方的这种心理，让对方既表现了商务上的最大实力与宽宏气魄，又表现了维护合作、目光长远的卓越见识，他们有时候是会欣然接受的。

二、车轮战术

这种战术往往是在谈判中段，处于形势不利的一方为了扭转局面而采用的方法。

比如，由于己方因原先考虑不周，做了某些不当的承诺；或者双方的谈判陷入僵局，己方又说服不了对方；或对方眼见形势有利，急于成交，咄咄逼人，己方难以招架之时，使用此法者抓住对方此时急于求胜、害怕节外生枝的"惜失心理"，有意制造或利用某些客观原因，让上级适时召回或撤换原先的谈判负责人或某些重要成员，让另外一个身份相当的人替代，并利用其作为新介入者的有利条件的特殊情况，改变谈判局面，使之朝着于己方有利的方向发展。

其具体策略有以下几个。

（1）如果需要撤销前边的于己不利的允诺，替补者可以用新的负责人的身份，做出新的有理有据的分析，否定前任所做出的让步与承诺的不合理性，提出新的合作方案。

（2）如果需要打破僵局，替补者可以避开原来争吵不休的议题和旋涡，另辟蹊径，更换洽谈的议题与角度；也可以继续前任的有利因素，运用自己的新策略，更加有效地促使对方做出新的让步；还可以以对方与前任矛盾的调和者身份出现，通过运用有说服力的资料、例子，去强调所谓公平、客观的标准与双方的共同利益，使大事化小、小事化了，以赢得被激怒的对方的好感，为下面谈判的正常化打下基础。

（3）如果对方成交心切、咄咄逼人时，替补者出现后可以利用对方怕拖延、怕改变的心理压力，以新的分析为依据要求谈判重新开始，从而迫使对方改变态度，为了维护原方案的主要利益而主动做出新的让步。

事实上，在车轮战术中，替补者是有其特殊的优势和作用的。因为他借助前任的努力，已比较了解对方的长短之处与特点，可谓知己知彼，而对

方对替补者则一无所知；另一方面替补者虽然也是己方代表，但他与前任毕竟是两个人，他对前任的意见比较容易找出理由来提出不同见解。这样，他"进"可以凭借原有成果继续扩大；"退"则可以把责任往前任身上一推而另起炉灶；还可以打扮成"协调者"来提出实际上仍有利于己方的"合理化建议"。

三、权限抑制法

权限抑制法，就是假如在谈判中发觉形势对己方太不利，想借故使谈判搁浅以求转机；或对己方已承诺的条款感到太亏，想改变条款，实施者出其不意地将并不在谈判桌上的"上级"或"第三者"抬出来，声称某些关键的问题谈判者无权决定，需请求上司或者有关主管部门审批；或者以请求委托者批复为借口，把矛盾转移到非谈判者身上，使谈判搁浅，让对方除了被动地等待别无他法。然后，借口上司或有关委托者认为对方条件"太苛刻"，不予批准等理由，迫使对方做出让步。

面对这种情况，对方只有两条路：要么做出适当让步来达成协议，要么退出谈判。由于大多数谈判者都不甘心因小失大，只好以退让求成交，这就是权限抑制法的效果了。

四、寻找替代的方法打破僵局

在谈判中，因双方各执一词、相持不下时，双方的交易也就自然而然地陷入了僵局。这时候如果光用语言去打破僵局是不容易成功的。在这种情况下，销售人员就应当考虑选用其他方法去化解僵局，可以采用以下具体替代方法。

（1）更换商谈小组的人员或领导者。

（2）另选商议的时间。例如，彼此再约定好重新商议的时间，以便讨论较难解决的问题。因为到那时也许会有更多的资料和更充分的理由。

（3）改变售后服务的方式。例如，建议减少某些烦琐的手续，以保证日后的服务。

（4）改变承担风险的程度。愿意分享未来的损失或者利益，可能会使双方重新走向谈判桌。

（5）改变交易的形态。使互相争利的情况改变为同心协力、共同努力的团体。让交易双方的老板、工程师、技工彼此联系，互相影响，共同谋求解决的办法。

（6）找一个调解的中间人，当然这个人要有一定的威信和协调感召能力。

（7）设立一个由双方人员组成的研究委员会。

（8）适当让步，让对方有更多的选择机会。

（9）先跳过这个问题，讨论其他较容易解决的问题，然后再留待合适的机会解决难解决的问题。

（10）暂时休会，在适当的放松中通过联络双方感情，再以较缓和的态度来解决问题。

面对僵局采用这些方法，以己方的诚意唤起对方合作的诚意，使双方能再度开诚布公地进行谈判。

不要轻易地做出单方面让步

世界上没有免费的午餐，在销售谈判中也绝对没有无理由的让步。"心急吃不了热豆腐"，过早地做出让步，是一种不自信的表现，这样会让客户在心底对我们的产品价值大打折扣，如此一来会让自己在销售谈判中失去有利的地位。

人们都清楚这样一条商业准则——公平交易，商品买卖是要讲究公平交易的，但世界上没有对等交易，许多人以为公平交易就是对等交易。

举例来说，你从一个小摊上花1元钱买了根冰棍。你和摊贩之间就根本不存在对等交易问题。冰棍不等于那1元钱。

你出钱交换了对方的冰棍，这是公平交易，如果不公平就不会买了。在商业社会里，没有人强迫你吃冰棍。在做此交易时，你需要的是冰棍而不是那1元钱。你手中有钱但没有冰棍，摊贩有冰棍但需要换钱。因此，利益成为其主要的驱动力。摊贩希望利用冰棍换取更多的利润，而你希望买到冰棍以解渴，同时也想尽可能少地付出成本。所以交易是公平的，但博弈是肯定不可避免的。

事实上，在销售当中，一般卖方希望成交价高，而买方希望成交价低；卖方希望最好能现款现结，没有拖延，而买方希望能尽量延长付款期，不希望马上就付款；作为卖方希望尽量不退货，发送笨重货物时能额外收费，作为买方则希望商品卖不完可以退货，最好运费也能由卖方出……如此种种，在销售中买卖双方都在进行一场场博弈。

当然，事情并不只是对方所失就是己方所得那么简单。不过通常来说如果谈判得法，一方可以做到得多于失。要是把总利益视为一个蛋糕，这方所得可能是个大块。这就是说销售谈判博弈中，双方都会想尽办法使结果于己方更为有利。

在销售谈判心理博弈中，有一条很重要又很简单的原则是：不要单方面做过早的让步，否则会在下面的销售谈判中陷入被动。世界上没有白给的东西，也绝对没有无理由的让步，否则情况会变得非常棘手。

单方面让步之所以不利于成功，并不在于所作出让步的大小，关键在于销售人员削弱了你的谈判地位。可以试想一下，如果你的产品和服务没有任何问题，为何要做无条件的让步？是不是你心中有鬼，却不好公开？当你面对客户做单方面无条件让步时，他们会这样去想，不信任感加强，对你产品或服务的价值判断也会因此贬值，反而让你在谈判中陷入被动。

在销售中一定有以下的情况。

例子一：

"这台录像机多少钱？"

"300元。"

"是这个数吗？"

"你要是想买，就算250元好了。"

例子二：

一个人找了份工作，在跟人事经理谈工资。

"你要求的工资是5000元每个月？"

"是的。"

"我们提供的这个职务不值得付给你那么多工资。事实上，这个数在IT部是经理级别的，能不能少要点？"

"少点也行。那就4000元吧。"

上述的让步可以说是毫无道理的。在第一个例子里，客户只问了一句，店主便降价50元，这等于告诉对方原来的标价水分实在太大。客户肯定将狠狠砍价，也许最后会以200元或更低价成交。在第二个例子里，求职的人也许是两个月没有找到合适的工作了，有些性急，所以眼睛也不眨地就把要求的工资减少了1000元。这表明这个人根本对自己的能力不自信，人事经理又怎么放心让他来做这个工作呢？

在这两个例子里，如果在让步时用上"如果"的条件限制，那就能维护当事人谈判地位了。

"如果你再买一盘录像带，就按280元卖给你。"

"如果扣除社保费和纳税后，支付到我手中的纯工资有4000元也行。"

所以，销售人员在销售谈判中什么都可以忘记，唯一不可忘记的是这条最为重要的谈判原则：在提出任何建议或做出任何让步的同时，务必在前面加上个"如果"这样的限制条件。

"如果"你再把价钱加200元，我就算是帮你带一件了。

"如果"你承担运费，我可以马上去提货。

"如果"你不再次全盘验货，我可以如期交货。

"如果"你答应付快递费，今晚货物就能送到。

"如果"你马上下订单，我可以同意你的出价。

用上"如果"这两个字后，对方就会相信你的提议是童叟无欺、有缘由的。加上这些限制条件后，对方便相信你的提议不是单方面让步，这两件事是捆在一起的，你对你的产品或服务充满信心，它们值得这样去做，你的客户也会因此感觉这是合理的。

通常在销售谈判中，采取适当的让步在所难免，但是这种让步必须是有计划、有步骤的，因为销售人员需要通过让步来传递某种信息，并以此来换取客户的让步，这样可以知道销售人员做出的让步在客户心目中的价值。所以，未经计划的让步是不可取的。

同时，这种让步是在客户主动做出让步后或者是在销售人员必须做出让步来继续洽谈的情况下，否则最好不要先提出让步。这样不仅可以表示销售人员的决心，而且可以测试客户的耐心。

缺乏经验的销售人员总会过早地做出让步的倾向，其结果非常糟糕。过早让步会使销售人员失去在下一阶段与对手讨价还价的本钱，并使自己产品或服务在客户心目中的价值大打折扣。若销售人员真的要做出让步的话，就必须确保销售人员让步的方式能够准确地传递自己本来希望表达的信息。同时尽可能多地掌握对客户来说有价值的资料，以便在让步中得到应有的补偿。

给报价留点弹性：开价高于实价

作为销售人员，在销售谈判中，如果客户让你开价，你不妨开出一个较高的价位，这可以给下面的谈判预留许多空间。这点非常重要，可以因此为后面的谈判定下不错的基调。当然，为了让对方知道你是真诚交易的，你所开的价码就不能高得离谱。

一位工会代表应造酒厂的工人要求增加工资一事向厂方提出了一份书面要求。一周后，厂方约他去谈判新的劳资合同。

令他惊奇的是，一上来厂方就向他详细介绍了销售和成本情况，经理还花了很长时间来谈下一年度的财务前景。如此反常的开头，叫他应对维艰。为了争取时间考虑对策，他便拿起桌上摆着的材料看了起来，最上面的一份是他的书面要求。

一看之下他这才恍然大悟。原来是他的秘书在打字时出了差错：把要求增加工资12%打成了21%（而他的期望值本是打算以增加工资7%来了结的）。难怪厂方要小题大做了。他心里有了底，一言不发地静观厂方在做了有关工厂处境维艰的发言后将提出什么建议。果不其然，厂方建议增加工资12%，谈判下来最后以增加工资15%达成协议，高于自己的期望值。

向客户开的价一定要高于销售人员实际想要的价。美国政治家亨利·基辛格曾经说过："谈判桌上的结果取决于你的要求夸大了多少。"是不是很有意思？

世界顶级的国际谈判大家公开讲，如果你想同他谈判，你应该知道他要求的东西比他想从你这里得到的东西要多。"我的客户又不是傻瓜。我要得多了，他们马上就会看出来的。"当你这样想的时候，你就要特别记住上面的原则。虽然客户的确是有这样的想法，但是运用这一策略常常会使你在销售谈判中占据主动。

开价要高于实价，至少有以下几大好处。

（1）它给你留下了一定的谈判空间。在销售谈判中，一旦你出价了，降价是情理之中的事，但如果你想再提价，几乎是不太可能的，除非有特别充分的理由。而在客户的心理上，他是希望自己能以最低的价格买到你的产品的。

所以如果你索要的价格超过你的预期售价，那就意味着这里面具有了某些伸缩性。这样一来，客户就可以与你就价格进行谈判。而如果你的开价是说一不二的，并且在态度上是"要买就买，不买走人"，那销售谈判甚至无法开始。客户的态度可能是"那我们就没什么好谈的了"。

（2）你也许是能以这个价格成交的。销售的过程情况是复杂而多变的，在某种情况下，只要能言之有理，即使是看似对方难以接受的开价有时也能有望成交。

（3）开出较高的价会让你的产品看起来具有更高的价值。当你给客户看你打印的价目单的时候，你在给他传递产品的潜在价值。这对缺乏经验的客

户的影响要大于对有经验的客户的影响。

（4）开价高是让客户心理获得满足感的一种方式。如果客户在购买商品时，因为他的努力探知了较合理的价格，并以砍掉部分水分的合理价位成交的话，在他的心理层面，就会有获利的满足感。但如果你一下子就给了客户最优惠的价格，客户就没有什么要和你谈的了，也不会有较大的心理成就感。

没有经验的销售人员总是一开始就给出最优惠的价格，想早点成交。一个销售人员这样对他的经理说："今天我要带着这份协议出去，我知道竞争很激烈，他们正在全城招标。咱们大打折扣吧，不然我们就更难得到订单了。"对于那些销售谈判高手来说，他们知道要价高的价值。这是创造一种让买家和自己双赢的良好途径。虽然有些客户会觉察到商家的要价的确有些高，但是他们并不以为然，一些聪明的客户很清楚，作为最初的要价有点极端都是再正常不过的事。在销售谈判中，最常见的结果是，双方商议了一种折中的结果，这样的结果，是预留了空间从而让客户和自己都满意。

由此看来，高于实价的开价的确是好处明显。在某种情况下，只要言之有理，即使是较高的开价也会有望成功。在销售中，销售人员要果敢地提出适当的价格，为销售谈判开始时的立场找到适当的理由，以达到良好的销售效果。

第六章　注重细节，
让客户和你做长久的生意

接打电话绝对不是小事

很多销售人员认为接打电话不用和对方打照面，因此所谓的礼仪可有可无，但事实上，电话中的礼仪学问相当值得重视。在电话里，人们见不到你的笑容，你的蹙眉，更不能和你握手、观察你的肢体语言和你的穿着。不过，或许人们可能都有这样的经验，就是通过电话可以猜出对方是个什么样的人，对其有个整体的了解。很显然，怎样有效使用好电话，让它发挥应有的作用，是成功销售的重要保证。

首先我们来比较以下两种接电话的方式。

拨通一个号码，第一种听见的是"您好，这里是青年协会外联部。好的，请稍等"。第二种是"喂，你找谁？不在！"或者"谁，你打错了！"随后是啪嗒一声挂断电话。毫无疑问，两种不同的方式在对方心里产生了不同的效果。前者可以平心静气地等待，即使他要办的事没有办成，心里也不至于产生异样的感觉；而后者，他的生硬的语气和毫不客气的态度，给人感觉是在向别人撒气，很有可能他自己完全没有意识到这一点，而对方听到这种语气和语调，心情自然不会好。

接打电话是销售沟通的一种特别常见而又非常重要的方式，它有着一定

的礼仪规范。

一、打电话的礼仪

打电话的时候要注意以下几个点。

1.首先通报自己的姓名、身份

销售人员在给客户打电话时，应询问对方是否方便，在对方方便的情况下首先通报自己的姓名、身份，然后再开始交谈。电话用语应文明、礼貌，电话内容要简明、扼要。

2.择时通话

打电话选择通话时间非常重要，公事公办，非公务交往别打电话。给客户打电话，要注意不能影响对方个人时间。一般来讲周末、假日，晚上八点以后，早上七点之前，不要因为公事把电话打到家里去，骚扰客户。

有经验的销售人员都明白，有些时间打电话，通话效果是会受影响的。如果你给一家公司打电话推销产品，要明白什么时间打电话最合适，星期一刚上班那个时间最好别打，有的人有周末综合征，还没缓过劲呢；有的人忙于安排一周工作。同样的道理，星期五还差半个小时下班了，也别打，人们会考虑周末的安排，有些心不在焉。最好避开临近下班的时间，因为这时打电话，对方往往急于下班，很可能得不到满意的答复。

公务电话应尽量打到客户单位，若确有必要往客户家里打时，应注意避开吃饭或睡觉时间。要选一个接听电话那一方心平气和，聚精会神，专心致志的时间打电话效果才容易好。

3.打电话要注意通话三分钟原则

通话时间要简短，长话短说，废话不说，没话别说。有些人这点不大注意，拿起话筒之后口才颇佳。"喂，你猜我是谁？听不出来了？不够朋友。"不要一个劲让人猜下去，这样会使对方很烦，而且既浪费时间又浪费钱，销售人员一定要注意。打电话，一般来讲要求通话三分钟原则，就是通话要简明扼要。拨错电话要道歉。现在很多人都有手机，一般都会遇到这样的事，有人电话给拨错了，浪费了你的时间，还不道歉，心里一定不会很舒服。所以，如果拨错了别人的电话，就一定要道歉。

通话完毕时应道"再见"，然后轻轻放下电话。

二、接电话的礼仪

在接电话时应该注意这么几点。

1. 接听电话要及时

销售人员接电话一定要及时。俗话说铃响不过三声，这是表示对客人的重视。现在市场上讲究竞争，比如某人想买个东西，首先打张三电话，电话拨不通，于是找李四去了，因为不可能吊死在一棵树上，所以接听电话要及时，最好不要让铃响超过三声。如果电话连响了六声才来得及接的话，第一句话要说："抱歉，让您久等了。"当然也别做过了，不要铃响一声就接，铃响一声你就接，对方还没做好准备，有可能把人家吓一跳。

2. 通话语言要规范

销售人员拿起电话之后第一句话就要问候对方，"你好！"第二句话自报家门，比如"××你好，我是××。"但是往往有些人不注意自报家门，拿起话筒第一句话，"喂喂！""噗噗"地吹两下，再问"有人吗？"这样做是很不礼貌的，所以说销售人员的通话语言要规范。

3. 遇到电话掉线要及时回拨

销售人员在接电话时，万一遇到掉线的情况，要及时拨回去。另外，当电话再次接通之后要说明歉意，别让人家觉得你有意不听他电话。

4. 尽量让对方结束对话

在电话交谈完毕时，销售人员应尽量让对方结束对话，若确需自己来

结束，应解释、致歉。通话完毕后，应等对方放下话筒后，再轻轻地放下电话，以示尊重。

三、电话拜访礼仪

在日常工作中，常常需要打电话拜访客户，这就需要在通话的过程中遵守礼仪并做到位。

1. 打电话前需要做好准备工作

销售人员要事先搞清楚客户电话号码、姓名、性别、年龄，明白打电话的目的、打电话的内容、公司与客户的关系状况，准备好记录的纸笔，掌握好恰当的时间。

2. 打电话程序

（1）自报家门。例如："您好，请问您是1390359×××号码的用户吗？我是移动公司××号客户代表×××。"

（2）征求是否方便。例如："我想向您询问关于×××一事，看现在方便吗？"

（3）说明内容，例如："是这样的，你本月是我公司的大客户，我们想对您进行拜访，征求您的建议和需要，另外为您提供个性化的服务。比如，话费提醒，上门收费等。"

（4）提出问题。例如："请问您对我公司的业务、服务等各方面都有什么样的建议和需要？"

（5）预约或承诺。例如："××天我们再亲自面谈，我们将在××时间给您一个答复。"

（6）尾声。例如："谢谢您的配合，再见。"

3. 打电话注意事项和技巧

（1）在一般情况下，电话铃响6声，仍无人接听，就应该挂掉电话。

（2）销售人员在和客户交谈时，如果有重要客人或事情需中断谈话，就要委婉地道歉并重新预约时间。

（3）一般情况下，应以手中的电话为先。

（4）销售人员打电话给客户，而客户不在，如果是客户的事情，请其回电话；自己有事要问清时间后重打。

（5）销售人员不小心切断电话，销售人员应由自己重拨。

（6）销售人员在室外打电话时，尽量找安静的地方，如环境不好要向客户说明。

（7）以自然的音量和音高讲话，话筒离嘴唇5厘米左右，听筒靠近耳朵，说话清晰明确，像面对面交谈一样。

总之，接打电话看似一件简单的事，却有很大的学问，可谓影响深远，销售人员必须要引起注意。

异议处理，解决客户的疑难问题

在销售过程中，客户往往会提出各种各样的购买异议。任何销售活动，都会遇到客户（或目标客户）的不同意见，甚至是反对意见，客户的这种意见称为异议。无疑，客户的异议是销售过程的障碍，但这也是客户的权利。你若想成功地销售你的产品，就必须做好应付和消除客户异议的准备。正

确对待并妥善处理客户过提出的有关异议，是现代销售人员必须具备的基本功。

　　某商场负责采购的经理在采购一批某厂家的洗发露时，由于想在价格上争取到最低折扣，因此他就挖空心思地去找毛病，并且在抽样时，还真的发现了一瓶分量不足的产品，于是便趁机以此为理由，采取不依不饶的态度，坚决地讨价还价。

　　不料厂家派来的销售人员的经验非常丰富，他很平静地回答了这位经理："经理，你知道美国有一个专门生产军用降落伞的工厂吗？其产品的不合格率为万分之一。当我们听到这个数字时会不会为他的高质量感到惊讶呢？尽管不合格率很低，尽管质量已经非常好，但同样意味着，在一万名士兵中就会有一名士兵因降落伞的质量问题而牺牲，无论是落到谁的头上，都是残忍的。当然，拿士兵的生命开玩笑是他们不能容忍的，同样军方也是不能容忍的。于是，他们在每次进行抽检产品时，就会让工厂的主要负责人亲自跳伞做试验，从那以后，产品的合格率全为百分之百。同样的道理，如果你们提货后，能将那瓶分量不足的洗发露赠送给我的话，我将会和公司的相关负责人一起分享。这可是我公司成立15年以来，首次使用免费产品的好机会啊！"

　　这位销售员在处理客户异议方面，回答得非常有水准。首先，他讲了一个故事，通过这个有一定幽默性的故事来缓和一下僵持的气氛，并以此来减少客户的烦躁心理。然后，在后面的解说中，销售员阐述了拒绝的理由，即在合格率上告诉客户，这份不合格产品存在的合理性，从而让那位采购经理无话可说。

销售的路总是崎岖不平的，从接近客户到签约，客户异议在不断地提出。销售人员越是懂得异议处理的技巧，就越能冷静、坦然地化解客户的异议，销售人员每化解一个异议，就摒除了与客户之间一个障碍，就接近客户一步。

客户提出异议是销售活动中的一种必然现象，它既是成交的障碍，又是客户有购买意向的征兆。如果客户没有购买的兴趣和动机，也就不必在商品上多费心思和口舌了。实际上，客户的反对意见使他参与到销售活动中来，说明他期望与销售人员沟通信息。

在销售过程中，客户会随时提出各种疑问或是用各种理由来挑剔商品，包括对商品的性能、质量、外观、价格、售后服务等方面有不清楚、需要进一步解释的问题，或是对商品不信任而产生的某种疑义，也有可能是其他的异议。

根据不同客户的反对意见，销售人员应选择相应的处理方式，并加以解释和说明。这种回答和解释的过程，实质上就是说服的过程。在这个过程中，销售人员绝对不能把反对意见变为对销售有影响的负面效应，失掉销售时机。下面就是一些常用的客户异议处理方法。

一、正面回复法

之所以要这样去处理，是因为对客户的异议表示理解，其目的是尽量不和客户之间产生对立的情绪。人都有保护自己的本能，直接指出客户的观点是错误的，会让客户更加维护自己的观点，你的"感觉"会让客户认为你和他是站在同一立场上的，比较愿意接受你的意见。

表示其他人也有类似的看法，则是给客户一个台阶下，人们最怕别人不给面子，即便是客户真的错了，也要给他下来的台阶。当销售人员表示其他很多人都有过类似看法的时候，客户心里就会想，即使我有一些不合适的想法也很正常，反正又不是我自己一个人有这种想法，这些所谓的其他人就是给客户的台阶。

比如，客户说"你们的速度太慢了，达不到要求"，运用正面回复法就是这样的回复"我非常理解您对于速度方面的关注，其他的一些客户也有类似的看法，同时我们认为速度是应该构建在安全性之上的，因为这款产品安全性的设计达到了……所以速度……"

需要注意的是，使用正面回复法的时候，销售人员必须帮助客户"发现"什么东西。毕竟任何产品都有其相对不足的地方，如果客户的异议就是产品的短处，你就最好不要使用正面回复法。

二、转化定义法

将客户的异议通过引导转换为另外的一种定义，就是转化定义法。在转化定义法的使用过程中，起到核心作用的便是词汇语言的转换，通过具有一定相近意思的词汇调整异议的不同含义。

人主要是通过视觉、听觉以及触觉感知外面世界的，但是当人们形容这种感受的时候，就需要通过语言的组织来实现，而语言又是由词汇所组成的。不同的词汇深深影响着人们的情绪与感受，影响着人们的思考方向，只要销售人员巧妙地学会改变词汇的定义，就能深深影响客户的心情与后继的行为。

例如，客户不耐烦地说"你们的价格太贵了"，这本身就是一种事实，自己的产品相比竞争对手而言确实要高出一些，这时候销售人员可以这样回答"您是担心性价比不好吗？"这里的"价格贵"与"性价比"看似没有很大分别，但是如果你仔细思考，就会发现两者之间有着天壤之别，完全带给客户不同的感受。

将客户异议的关键词汇挑出来，然后用其他看似相近的词汇替代它，利用不同的词汇里所具有的积极或者消极的思考方向，就可以改变客户对于原来异议的看法。

三、转移话题法

任何产品或者服务都有着它自己的优势和劣势，这是很自然、不可避免的事情，但是麻烦的地方在于客户可不是这么想的，客户总是希望用最少的钱买到最好的产品，所以客户有时候所提的异议确实让销售人员给予不了满意的答复，即使是转换定义去进行解释也不能够化解客户心中的顾虑，这是很正常的。

如果销售人员与客户在这个地方纠缠不清，就相当于田忌赛马的故事，拿自己的下等马去和对方的上等马比赛，自然负多赢少。

对于这种情况，能够转化定义就转化定义，实在不行就转移话题，这种方法可以作为最后的选择。比如，销售人员可以这样说"您的意见确实很重要，待会儿我就给您一个回答，现在让我们先讨论一下最重要的配置问题"。等到讨论完配置之后，客户是否还记得刚才所提出的异议不得而知，即使还记得，销售人员也可以利用这比较长的时间想到合理的对策。

销售人员还可以这样和客户说"您的意见很好，但是我觉得只有我们首先确立了整体的配置之后，才比较方便去考虑您所提到的保修期和预算的问题，所以我们可以先看看您到底需要什么样的配置才能够满足您公司办公系统的需求"。

将话题先转移到你比较有优势同时客户也比较关注的地方，并且强调你的优势对于客户的重要意义，然后再轻描淡写地说"这么高的配置，价格也会稍微高一点，不过从满足贵公司的需求以及整体的性价比来看，还是非常划算的"。等到客户认可了高配置的重要意义之后，他为此多付一些费用也是理所当然的事情。

如果销售人员实在没有什么处理的方法，一切都不奏效，甚至可以这样和客户说："张经理，您稍等一下，手机没有电了，我换块电池给您打过去，不好意思。"然后马上去问公司的伙伴应该如何处理，找到答案马上回过去。

总之，处理客户异议的时候，销售人员首先想到的是给予正面的回复，如果感觉正面的回复不能够达到让客户满意的效果，销售人员可以进行转换定义，如果连转换定义都很难解释，那就使用最后的招数，将话题转移。

守时，约见客户绝对不能迟到

人们常说："时间候就是金钱，时间就是生命。"时间的重要性不言而喻。既然时间如此宝贵，那么守时就显得更加重要了。德国民间流传着这么一句话："准时是帝王的礼貌。"可见，守时是一种礼貌。

所谓守时，就是遵守时间，履行承诺，答应别人的事情就要在规定的时间范围内完成。守时不是一件小事，守时不仅是自身素质的一种体现，也是对他人尊重、负责的一种人际关系的体现、一种积极的人生态度。作为销售人员，如果你对别人的时间不表示尊重，你也不能期望别人会尊重你的时间。一旦你不守时，你就会失去影响力或者道德的力量。

在销售过程中，约见客户是个非常重要的环节，它往往决定了你推销的成功与否。而一个优秀的销售人员，是绝对不会忽略约会礼仪的，因为这是约会成功的必要保证。

约见客户一般有两种约定时间，一种是自己所决定的访问时间，另一种则是客户决定的。自定的访问时间是根据本身的销售计划或访问计划安排的，大多是确定的。例如，销售人员考虑去甲公司访问，心想上午路上交通拥挤，而且即将访问的对象也很可能出去办事，还是决定下午去拜访他吧。而当准备去访问乙先生时，知道对方通常下午都去处理售后服务，所以最好以上午去访问为佳。对于计划去访问的丙太太，得知丙太太于每星期一、星期五下午要去学烹饪，如果不想空跑一趟就必须避开这些时间，重新安排时间表。这类访问的时间是由自己决定的，若对于销售活动没有什么妨碍，是属于自己比较能控制的问题。

比较麻烦的，是那种客户由来决定的时间。谈生意的活动，一般来说多半是迁就客户的意愿，依照卖方的立场来定时间。在很多情况下，虽然销售人员自己事先拟订了一个访问时间表，事实上仍旧必须循着客户决定的时间去办事，说得极端一些，这个访问的时间经过客户决定后，即使心中有所不满，也要维持"客户优先"的原则。

一旦与客户约定了见面的时间后，销售人员就必须守时，如果不能很好地把握这一点，那么就会因此失去一次销售机会。

有这样一位失败的销售人员，由他的行为来看，甚至可以说他是很愚蠢的。那么，到底在他身上发生了什么样的事情呢？大家一起来看一下。

有一次某先生想买一台计算机，和这位销售人员约好下午两点半在办公室面谈。某先生是准点到达的，而那位销售人员却在17分钟之后才满头大汗地走了进来，"对不起，我来晚了。"他说，"我们现在开

始吧。"

"你知道，如果你是到我的办公室做推销，即使迟到了，我也不会生气，因为我完全可以利用这段时间干我自己的事。但是，我是到你这儿来照顾你的生意，你却迟到了，这是不能原谅的。"某先生直言不讳地说。

"我很抱歉，我正在餐馆吃午饭，那儿的服务实在太慢了。"

"我不能接受你的道歉，"某先生说，"既然你和客户约好了时间，当你意识到可能迟到时，你应该抛开午餐赶来赴约。你的客户，而不是你的胃口应该得到优先照顾。"

尽管那种计算机的价值极具竞争性，他也毫无办法推销成功，因为他的迟到和辩解激怒了客户。更可悲的是，他竟然根本想不通为什么会失去这笔生意。

需要提醒销售人员的是，守时也不是说准时就可以了，最理想的是提前7至10分钟到达。准时去访问当然不会有差错，不过假如客户所戴的手表稍微快了一些，那事情就不好了，因为客户总是以自己的手表为准，尽管你所戴的手表才是正确的时间，但是就客户而言，你已经迟到了。而有些脾气古怪的客户，认为约会迟到是不可原谅的事。即使没有发生客户手表快的情形，而在约定的时间才到达，这样也会由于没有休息的时间，就马上进入正题，显得过于仓促。

但是，太早到也不好，比约定的时间早20分钟以上，也许客户在同你会面之前要先与另外的人洽谈，那么你突然冒出来，会影响他们的气氛，致使客户心里不痛快。尤其是在做家庭拜访时，你早到20分钟以上，可能这一家人正在整理房间，你的提早到达将使客户感到厌烦。

　　总之，比指定时间提早7至10分钟到达是相当合理的。比预定时间早点前去，可以获得缓冲的余地，至少可以喘一口气。假定在会见你之前有另外一位来客，而这个客人也许提前十几分钟离去，那你与被访问者的会面时间就可以增加十几分钟。提早些到达，尤其在夏天里，刚好得以擦拭汗水，使心情恢复平静，然后游刃有余地与客户交谈。在寒冷的冬季，从他处来可能显得面色苍白，那么若早几分钟到达，便能慢慢使脸上气色转佳。

　　下面是一些避免迟到的方法，销售人员可以结合自己的实际情况运用。

　　（1）学会安排时间。制定严格的时间表，张贴在随处可见的位置，把工作安排或朋友约会都标注清楚，并留出足够的准备时间。

　　（2）换位思考。把自己放在"牺牲者"的位置上，当你被迫等待时，会有怎样的感受？也许你会因此懂得尊重他人的重要。

　　（3）多做心理调节。让任何事情都顺其自然：家里好像没收拾干净，那就让它乱着吧；头发有点脏了，那就再忍一忍。长此以往，克服了焦虑情绪，迟到便会减少了。

　　（4）通过日程安排提醒自己。比方说要去一个地方，你应该先找出最简单的路程，计算一下需要的时间，然后提前10分钟出发，最后可能准时到达。

　　（5）告诉别人你还有要紧的事情要做，不要害怕，说出来："很抱歉，我不得不打断你，我过一会儿有一个约会。"

　　（6）做一个时间上的悲观主义者。总是假定每一件事情都会比你最初预期的完成时间多出那么一点点，这样就可以总是提前一些。

　　（7）按优先级排序。如果迟到是因为没有足够时间来做每件事，那么改变这一现状的途径就是停止做太多的事情，同时，按事情的轻重缓急排序，把重要的、必须立即做的排在最前边。

（8）诚以待己。迟到也是一种对自己的不尊重，让自己在别人眼里显得无时间观念，所以要记得遵守时间。

管好自己的嘴，注意说话的细节

销售人员是靠嘴创业的，一名出色的销售人员一定要有出色的口才。俗话说得好："买卖不成话不到，话语一到卖三俏。"意思是话说得好、说得得体，会给人带来前所未有的机遇。所以说，销售人员出色的口才不仅能向客户展现自己的魅力，而且能让客户愿意购买你的产品。

好的口才能够充分展示一个销售人员的个人魅力，同时也给自己的客户带来愉悦的享受。而要想拥有好的口才，销售人员需要在一些细节方面加以注意。

一、尽量避免使用专业术语

销售人员最主要的工作之一是让客户听得懂你在说什么，而不是为了卖弄你的专业知识而专说些生涩难懂的专业词汇。只有销售人员对产品和交易条件的介绍简单明了、表达方式直截了当才能让不同的客户都能理解。表达不清楚，语言不明白，都可能会产生沟通障碍，也势必会影响销售。

二、不说批评性话语

说批评性话语是许多销售人员的通病，有时讲话不经过大脑，脱口而出伤了客户而自己还不觉得。比如，见了客户第一句话便说："你家这楼真难爬……""这件衣服不好看，一点都不适合你。""这种茶真难喝。"再不就是"你这张名片真老土！"这些脱口而出的话语里包含批评，虽然销售人员是无心去批评指责的，只是想打一个圆场而随意讲的话，可在客户听起来，感觉就不舒服了。

三、不说夸大不实之词

如今人们不再简单地将推销等同于夸大与欺骗，更多的是推销被看作一种艺术。的确，要将东西卖出去也许并非是最困难的，困难的是让客户与销售人员保持友好、信任的关系。客户在日后的产品使用中，终究会清楚你所说的话是真是假。不能因为要达到一时的销售业绩，你就要夸大产品的功能和价值，这势必会埋下一颗"定时炸弹"，一旦纠纷产生，后果将不堪设想。

四、尽量避免命令式语句，多采用请求式语句

什么是命令式语句，什么是请求式语句呢？现在举一个乘坐公共汽车的例子：假如一个人上车之后，对坐着的人说："喂！过去一点，这里我要坐！"这是命令式语句，其结果是即使座位很宽敞，对方也不见得乐意把位子空出来。如果他换个说话方式："对不起，能不能让我也挤一挤。"这是请求式语句，由于他说话客气，所以对方是乐意帮忙的。命令式语句是说话者单方面的意愿，没有征求别人意见就要求别人去做。请求式语句是尊重对方，以商量的语气，请别人去做。例如，客户问销售人员："你们厂生产的牙膏还有没有货？"销售人员答："没有了，这个问题下个月再谈吧。"这样会令客户不舒服而转向别的厂家购买。但若是说"本厂牙膏已全部订出去了，不过我们已在加班生产，您愿意等几天吗？"则会挽留住一位客户。

五、少用否定语句，多用肯定语句

对销售人员而言，严格地讲，否定语句应视为一种禁忌，要尽量避免。在很多场合下，肯定语句是可以代替否定语句的，且效果往往出人意料。例如，客户问："这样的衣料没有红色的吗？"销售人员答："没有！"这就是否定语句，客户听后的反应自然是既然没了，我就不买了。但若答："目前只剩下蓝色和黄色的了，这两种颜色都卖得不错。"便成为一种肯定的回答。虽然两种回答都承认没有红色衣料，但否定似乎是拒绝，而肯定给人一种温暖的感觉。

六、少问质疑性的话语

在业务开展的过程中，你很担心客户听不懂你所说的一切，而不断地因担心对方不理解你的意思而质疑对方，"你懂吗？""你知道吗？""你明白我的意思吗？""这么简单的问题，你了解吗？"似乎以一种长者或老师的口吻来问这些让人反感的话题。众所周知，从销售心理学来讲，一直质疑客户的理解力，客户会产生不满感，这种方式往往让客户感觉得不到起码的尊重，逆反心理也会随之产生，可以说这是销售中的大忌。

七、禁用攻击性话语

人们可以经常看到这样的场面：当一种新产品刚上市时，一般都卖得很好，但过不了多久，由于竞争激烈，同行之间开始相互攻击，互揭老底，有的甚至把对方的产品说得一文不值。于是，一个本来市场潜力很好的产品，在消费者心目中的形象就变得越来越差了，价格也卖得越来越低，利润也越来越薄，最后只好大家一起退出市场。其实，攻击同行或别的项目均会起到相反效果，客户会认为你害怕同行，或者你想把不合格的产品推出去。针对对手的攻击，你要做的工作是对自己的产品进行详尽的介绍。客户是成年人，他们会有自己的分析能力，这样客户才会买你的产品。

八、禁用不雅话语

每个人都希望与有涵养、有层次的人在一起，相反，不愿与那些"爆粗口"的人交往。同样，在销售中，不雅之言，对销售人员销售产品必将带来负面影响。诸如，推销寿险时，销售人员最好回避"死亡"、"没命了""完蛋了"诸如此类的词语。有经验的销售人员，都会以委婉的方式来表达这些敏感的意思，如用"丧失生命""出门不再回来"等替代那些人们不爱听的话语。不雅之言，对于个人形象会大打折扣，它也是销售过程中必须避免的话，你注意了、改过了，你便成功在望了。

一个具有语言魅力的销售人员对于客户的吸引力，简直是不可估量的。一名出色的销售人员，一定是一个懂得如何把语言的艺术融入产品销售中的人。可以这样说，当你有了语言魅力，就有了成功的可能。因此，要想成为一个成功的销售人员，一定要从细节上培养自己的语言魅力。

售后服务就是让客户满意

做销售的最高境界是与客户成为知心朋友，这是行之有效的最好方法。作为销售人员，要想让客户不忘记你，你就时时刻刻要想着他们。常走动，常交流才能增进友情。在生意场上要想保持长期的合作关系，没有感情做基础的合作随时都会出现"危机"，留住了客户的心就留住

了客户的人。你与客户一次、两次的合作可以看成是运气与缘分，能长久的合作那就是艺术。研究客户，满足客户的需求及周到的服务才能与客户达成双赢的共识，只有这样营销目的才能"水到渠成"。这就是先做朋友后做生意的道理。

目前，一些新的市场营销理论相继出现，但不管市场营销理论如何发展，万变不离其宗，都是为了满足客户日益变化的需求。所以，只要企业时时刻刻从客户的角度思考营销方式、方法并付诸实施，就会促使企业快速走近消费者，走向市场。在新产品推广过程中，企业更应重视售后服务。因为，消费者在尝试使用一项新产品、新技术时，都有"试试看"的心理，如果在使用的过程中感觉不方便、售后服务不好，就会一传十、十传百地从负面宣传。

在这里，不妨看看海尔的售后服务。他们在销售了某一产品后，会从不同侧面来了解客户的消费过程、消费感受。其实，某些电信运营商也已开始学习海尔的售后服务模式，通过不同渠道来获取售后服务的情况。当然，关注售后服务，不光要关注客户的消费感受，还应不断地赋予这项业务新的内涵，增加服务项目等。比如利用电话提供一些智能业务，提供新的服务，利用技术的改进提供宽带服务等，让客户在使用的过程中不断享受到新的服务，这就会增加用户的黏性，提高客户的忠诚度。

事实上，客户评判企业售后服务质量一般是从以下6个方面进行考察。

第一，人员技术，即能否第一次就把产品修好或保养好。

第二，服务收费，包括报价单的详细程度以及员工的解释情况。

第三，服务时效，包括实际维修时间与承诺时间对比。

第四，服务态度，包括服务的诚恳度，处理返修的方式和程序等。

第五，配件供应，即配件供应的质量及时效。

第六，硬件设施，包括维修检测设备、泊位和进出设施、休息和娱乐设施等情况。

对售后服务，企业可以从下列几方面进行，从各个整合可以看出这些企业不仅重视售后服务，而且凭此获得极高的信誉和业绩。

一、无条件服务

不管怎么样，满足最终客户的需要，维持与最终客户的良好关系，是一项永无止境的工作。

美国的汽车销售公司恪守的信条是，无论客户提出什么要求，回答永远是"是"，他们甚至不介意半夜起来去帮助半路抛锚的汽车司机摆脱困境。日本丰田公司所造的雷克萨斯牌汽车造型豪华，一次，因为发现内部制动灯固定装置有一点小毛病，虽然客户没有要求，维修人员还是到每一位车主家中把车开走，等维修好之后再把车还给主人，因而在客户中建立了良好的信誉。

二、全面服务

比如，国际商用机器公司（IBM）不仅提供一流的产品，更注重一流的服务。他们之所以能够在计算机行业保持领先地位，得益于他们较早地认识到服务在营销中的作用，他们努力做到向客户提供一整套计算机体系，包括硬件、软件、安装、调试、传授使用方法以及维修技术等一系列附加服务，使得客户一次购买便可以满足全部要求。

三、额外好处

比如，日本资生堂公司为了打开美国市场，推出了一系列适合美国妇女口味、包装精良、使用方便、气味高雅的产品，同时以服务质量取胜。他们不仅待客亲切有礼、服务周到，而且还免费提供脸部按摩，甚至于记得打电话祝福客户生日快乐。美国饮料行业的可口可乐、百事可乐，牙膏行业的

高露洁等生产厂商设法推出形式不一的优惠券，结果培养了消费者的"品牌忠诚"。

四、组织措施

一方面，企业本身要建立起内部的专门机构。例如通用电气公司在麻省匹兹菲尔德建有"客户服务中心"，每周召开"客户快速市场反应"会议，当场制定出实施方案。另一方面就是建立好销售网。例如佐丹奴公司总部通过电脑系统随时可以了解旗下商店、专卖店的营业情况，包括每一柜台、每一款式、每一尺码的成衣销售和库存情况；宝洁公司派出12人到美国零售商沃尔玛公司总部，与之共同设计销售方案，以利于售后服务工作的开展。

五、真诚相待

商品价格是对买卖双方来说最敏感的话题，经营正派的商店则采取真诚的态度。意大利蒙玛公司规定新时装上市以定价卖出，然后以3天为一轮，每隔一轮削价10%。到了1个月也就是第10轮后，时装价格已经降到最初价格的35%左右，即成本价，所以往往是一卖就销售一空。

六、重义轻利

商店不能见利忘义，只管挣钱而干没良心的事情。而这种注重道义的做法，反过来常常又为公司赢得了极好的信誉和高额的利润。

七、超值服务

对客户提供额外的好处，是商店非价格竞争的拿手好戏，各种各样的形式令人眼花缭乱。例如，退款、送货上门、免费食品、游戏等。

只为销售而做的服务会带有很大的功利性，如果销售人员只想赚客户的钱，就肯定赚不到钱。相反，不为销售而为客户做的服务，是一种真诚付出的体现，正是这种无私的服务才会打动客户的心。

第七章　善于沟通，
　　　　赢得客户的心

与不同性格客户沟通的技巧

　　性格是人在长期社会活动中，形成的相对稳定的在对人、对事的态度和行为上的突出特点，如：勇敢、刚强、懦弱、粗暴等。不同性格的人在沟通方式上差异较大，销售人员必须分清客户的性格类型，才能找出与之相适应的沟通方式。

　　销售工作就是与人打交道的工作。因此，除了要了解客户的实际需要及内在心理需求之外，还要善于观察对方，并根据其性格做出适当的分析，然后采取不同的应对策略。销售人员如果能针对客户的不同性格特点来调整自己的沟通方式，知己知彼，才能百战百胜。那么，人的性格到底分为哪几大类？他们各有什么特征？销售人员应如何与他们沟通呢？

　　美国心理学家弗洛伦斯·妮蒂雅把人们的性格分成了四种基本类型，即活泼型、完美型、力量型与和平型。一个人可能同时具备四种类型中的某些特质，但通常会偏重其中一类或两类。在了解到客户的性格特征后，就能帮助销售人员找出与之相适应的沟通方式，从而与客户建立良好的关系，并最终达成交易。

一、活泼型性格——善于表现的"社会活动家"

性格特点：感情外露，喜欢表现；乐观开朗、善于社交；活泼多变、缺乏耐心。

应对策略：当活泼型性格的客户引经据典、侃侃而谈时，销售人员最需要做的是，做好一个积极的聆听者，以满足他们喜好表现的欲望。如果销售人员对客户所讲的故事或见闻表现出极大的兴趣，那客户就会有受重视和被认同的感觉。

因为活泼型性格的客户乐观、豪爽、豁达，又非常乐于接受新事物，所以，销售人员可以把自己的产品与时尚、新闻、流行话题等联系起来，帮助客户认识到产品的潮流感和所带来的附加值。针对客户性格中缺乏耐心和活泼多变的特点，销售人员在介绍产品时一定要简明扼要，说话也要干脆利落，而不要绕弯子。销售人员对此类型客户要善于把握销售时机，如果看到客户的肢体语言中流露出感兴趣的样子，比如主动用手触摸产品、身体前倾或点头表示赞同时，销售人员应该赶快拿出订单来，以促成交易。

沟通指要：活泼型性格的客户最需要的是别人的关注和认同。

二、力量型性格——咄咄逼人的"控制者"

性格特点：直言好斗、咄咄逼人；自主独断、争强好胜；重视效率、易急躁。

应对策略：力量型性格客户以男性居多。因为他们喜辩好斗，在与此类客户打交道时，销售人员要学会控制自己的情绪，避免与其发生正面冲突。要让客户有发言的机会，因为这类客户会不甘落后、不安于寂寞。在客户发言的时候，销售人员要及时地对他们正确的观点表示认同，并感谢他们提出的问题，满足他们的控制欲。

力量型性格的客户重视效率，容易在处理事务时缺乏耐心，做决定时专注于大方向、大重点和大原则。所以，销售人员在推荐产品时，不要讲得太详细，用语简明扼要即可，然后着重强调其产品价值就可以了。

力量型性格客户对成就感非常渴望和迫切。在沟通中，当他们感到自己受到了足够的尊重，自尊心得到充分的满足时，销售人员就可以适时地转入沟通的正题，抓紧机会令其在成就感中主动提出购买或关注你的其他要求。

沟通指要：力量型性格的客户最需要的是成就感和被感激。

三、完美型性格——周密细致的"分析者"

性格特点：计划周详、考虑周到；重视逻辑、精益求精；聪明敏感、缺乏决断。

应对策略：与完美型性格的客户沟通时，销售人员的话不能太多，但是必须认真和准确，否则他们会拒绝所有的推荐。

由于完美型性格的客户重视逻辑、凡事都喜欢精益求精，所以，不要在这类客户面前直截了当地说我们的产品如何的好，服务怎么样的周到，而应该多出示事例证据和图表来分析和证明产品的科学性、实用性及合理性。在介绍公司和产品时要拿出公司获得认可的奖状、证书、媒体报道等资料，使用这些数据来说服完美型性格的客户是非常有效的。

针对这类客户性格中聪明敏感及缺乏决断的特点，销售人员要多给这类客户一些关怀和体贴，在解说其产品时可适当地引用名人及专家对产品或服务的好评，让他们消除疑虑。如果销售人员不能体会到他们内心追求完美的心理，又拿不出有力的事实依据，那交易就很难成功。

沟通指要：完美型性格的人最需要的是合乎情理和体贴。

四、和平型性格——耐心随和的"亲善者"

性格特点：内向保守、谦虚胆小；沉稳随和、耐心友善；不喜变革。

应对策略：和平型性格的客户天生不易兴奋，与世无争，性格较为沉静悲观。他们一般不会主动去表现自我，但其内心深处却是非常渴望得到别人的认同。因此，在与此类客户打交道的过程中，销售人员要善于发掘他们身上的优点，让其产生一种被尊重、有价值的感觉，由此可以令他们振奋起来。其随和易处、善于聆听的性格特点会给销售人员达成沟通目标创造机会。

由于他们保守胆小，做决定的时候会犹豫不决，总是喜欢等等看。因此，对这样的客户，销售人员应该多真诚地与之沟通，耐心地了解他们的真实需求。如果和平型性格的客户觉得你这个人有诚意，即使他暂时不需要你的产品或服务，也会购买一小部分，甚至还会帮你介绍其他客户。

针对他们不喜变革、怯懦无刚的性格特征，销售人员还要给他们创造一个轻松的环境，而不要一次性地灌输给他们太多的信息。有强迫的气氛，会令其产生压力。当然，由于和平型性格的人常常又是慢性子，在沟通当中，要适当地给他们一点推动，并借助从众的消费心理来引导及协助他们做出决定。

沟通指要：和平型性格的客户虽表面平和，但内心深处却需要尊重和有价值感。

销售高手的语言攻心术

销售不仅是"嘴"上功夫，更是一种心与心的较量。要想提高销售业绩，销售人员就必须懂得一定的销售心理学，能够在不知不觉间攻入客户的内心，解开客户的心结，从而让客户满心欢喜地接受你的观点、意见、提议以及请求。

一、巧用暗示

销售人员在销售中巧加暗示，可以巧妙地避免客户直接拒绝，是销售进程中连攻带防的最佳策略。它即可以使销售人员与客户建立的良好关系，又可以加快销售的进程。以心理暗示影响客户的观念，改变认识，增强购买信心，加速成交进程。

销售人员在开始进行推销时，一开始就要做好充分的准备，向客户做有意识的肯定的暗示，使他们从一开始就能接受销售人员的解说。

曾经有一位销售经理运用"暗示"推销法成功地使一位客户高兴地买下了该公司销售的一台电冰箱。当他看到销售人员和一位女客户在说话时，便走过去说："这台冰箱倒是很好，不是吗？"

"我看并不见得好。"那位女客户摇摇头回答。

"怎么，您认为这台冰箱不好，是吗？这冰箱的式样和性能是由

全国一流的工程师联合研制成功的，不管从外观、容量和结构，还是从性能和效果方面来看，都是很好的，可是您认为这冰箱有哪些地方不协调呢？"

"这几点倒还可以，只是不应该把那个圆圆的东西装在顶上，那有多难看啊！"

"也许您说得有道理，同时，我的理解是，正是顶上那个圆盖子，才是我们这种冰箱的最大特色。现在市面上使用的那种冰箱都没有这种冰箱使用方便。我想您是个大忙人，您当然想这台冰箱可以为您减少一些麻烦，节省一些时间，是吧！

"说不定您买回去，邻家的太太见了一定羡慕不已，说您买了一台好冰箱呢！

"如果您买一台普通的冰箱回去，邻居见了，也不觉得怎么新奇，也许看一下就忘掉了，不是吗？"

然后，这位销售经理又安排员工把冰箱搬出来。"太太，这台冰箱您是想把它放在家里的哪个位置呢？"

"太太，冰箱是您自己带回去，还是由我们给您送回去？我们免费送货。这是送货单，请把地址和电话写好，我们下午送货。"就这样，那位太太在销售经理的暗示下签了字。

所以说，暗示是一种有效的销售手段。只要在交易一开始时，利用这种方式，提供一些暗示，客户的心理就会变得更加积极，进而很热心地与销售人员进行商谈，直到成交为止。这虽然只是一个小小的技巧，但却能给客户留下深刻的印象，这种方法非常简单且有惊人的效果。可以这么说，一个不懂得如何用暗示激发客户购买欲望的销售人员不是一个高明的销售人员。

二、设法让客户说"是"

尽量避免谈论让客户说"不"的问题，而在谈话之初，就要让他说出"是"。销售时，刚开始说的那几句话是很重要的。例如：

"有人在家吗？我是××汽车公司派来的。今天，我是为了轿车的事情前来拜访的……"

"轿车？对不起，现在手头紧得很，还不到买的时候。"

很显然，客户的答复是"不"。而一旦客户说出"不"后，要使他改为"是"就很困难了。

因此，在拜访客户之前，首先就要准备好让客户说"是"的话题。

例如，客户一出现在门口，销售人员就递上名片，表明自己的身份，同时说："在拜访您之前，我已看过您的车了，这间车库好像刚建成没多久嘛！"

只要销售人员说的是事实，客户必然不会否认，而只要他不否认，自然也就会说"是"了。

就这样，销售人员已顺利地得到了客户的第一句"是"。这句话本身，虽然不具有太大意义，但却是左右销售进程的一个关键。

"那您一定知道，有车库比较容易保养车子喽！"

除非对方存心和你过意不去，否则他必然会同意你的看法。这么一来，你不就得到第二句"是"了吗？

如果对方真的要拒绝，那不仅仅是口头上的一声"不"，他的肢体语言也会进入拒绝的状态。

然而，一句"是"却会使整个情况为之改观。

所以说，比"如何使客户的拒绝变为接受"更为重要的是，如何不使客户拒绝。

三、引出客户的真心话

"看看再说"是客户经常使用的拒绝理由之一，话虽然说得婉转，但真正的想法可能是"我听腻了你那一套说辞，反正我又不打算买，随便敷衍一下，使一下缓兵之计"。在这种情况下，销售人员倘若认为目前时机尚未成熟，就要请客户好好考虑一下，日后再来听取佳音，就未免太过"死板"。要处理好这种状况是有点棘手的，因为客户说出这句话，多半是在销售人员已经做了相当程度的说明后，就算勉强再运用其他语言说服客户，也不会有很好的效果。

销售人员："可是您先前也说过孩子的教育费用……"

客户："所以我才说要再考虑一下！"

销售人员："但是……"

客户："你实在很烦！让我多考虑一下不行吗？"

即使客户先前一直表示赞同，但是面临重要关头却又退缩时，重提此事只会增加客户的厌恶感觉。所以销售人员必须改变一下方式，从另一个角度去引出客户真正的想法，比如说"你是很想买，但是缴费负担太重"，若能让客户说出真心话，就有希望进一步去促成销售。

销售人员要懂得调适自己的心态，要有"被拒绝是当然的事"的心理准备，不能恐惧被拒绝，畏怯开口，要坚强地面对客户拒绝，得到客户的真心话。

用真诚感动客户

真诚，是销售人员说服客户达到销售成功的必备品德。曾经打败过拿破仑的库图佐夫，在给叶卡捷琳娜公主的信中说："您问我靠什么魅力凝聚着社交界如云的朋友，我的回答是'真实、真情和真诚'。"真实、真情和真诚的话语，是打动客户的最佳诀窍。

大诗人白居易在《与元九书》中写道："感人心者，莫先乎情……"告诫人们只有真诚才能打动人心。炽热真诚的情感能使"快者掀髯，愤者扼腕，悲者掩泣，羡者色飞"。说服客户如果只追求辞藻华丽，缺乏真挚的感情，开出的也只能是无果之花。著名演说家李燕杰说："在演说和一切艺术活动中，唯有真诚，才能使人怒；唯有真诚，才能使人怜；唯有真诚，才能使人信服。"销售人员若要使客户动心，就必须先使自己动情。第二次世界大战期间，英国首相丘吉尔对秘书口授反击法西斯战争动员的说演稿时哭得涕泪横流。正因为如此，他后来的发言才更加动人心魄，极大地鼓舞了英国人民的斗志。

说服客户贵在真诚。只要销售人员与客户交流时能捧出一颗恳切至诚的心，一颗火热滚烫的心，怎能不让客户感动？怎能不动人心弦？

说服客户不是敲击锣鼓，而是拨动他们的心弦。因此，成功的销售人员总是能用真挚的情感、竭诚的态度拨动客户们的心弦，刺激之、感化之、振

奋之、激励之、慰藉之。用自己的真诚去拨动客户心弦，用自己的灵魂去感染客户的灵魂，使听者闻其言，知其声，见其心。

日本企业家小池先生曾说过："做人与做生意一样，首先都要讲究真诚，而真诚给你带来的荣誉也会让你得到更大的回报。"

小池是贫苦人家出身，在一家机器公司当销售员时年仅20岁。有一段时间，他推销机器非常顺利，同25位客户做成生意仅用了不到半个月时间。

有一天，他突然发现他现在所卖的这种机器比别家公司生产的同样性能的机器贵了一些。

小池想："如果客户知道了，一定以为我在欺骗他们，会对我的信誉产生怀疑。"于是深感不安的小池立即带着合约书和订单，逐家拜访客户，如实地向客户说明情况，并请客户重新考虑选择。

每位客户看见他的行为都很受感动。这一举动同时为他做了很好的形象宣传，同时也让他收获了商业荣誉，大家都认为他是一个值得信赖的正直的人。

结果，这25人中不但没有一个人解除合约，反而又给他介绍了更多的客户。

俗话说："精诚所至，金石为开"，只要抱定真诚的态度，就没有办不成的事情。销售高手懂得表现自己的真诚，收敛自己的精明。对要小聪明的销售人员，客户会避而远之。而对真诚的销售人员，却比较满意和放心，因为你的态度很诚挚、自然，这样就会很容易促成销售的成功。

美国总统林肯就非常注意培养自己的真诚，他说："一滴蜂蜜要比一加仑胆汁更能吸引更多的苍蝇。人也是如此，如果你想赢得人心，首先就要让他相信你是他最真诚的朋友。那样，就会像一滴蜂蜜吸引住他的心，也就是一条坦然大道，通往他的理性彼岸。"1858年，林肯在一次竞选辩论中说："你能在所有的时候欺骗某些人，也能在某些时候欺骗所有的人，但你不能在所有的时候欺骗所有的人。"这句著名的格言，成为林肯的座右铭，也成为人们今天说话者应依据的座右铭。

作为销售人员，如果你能用得体的语言表达你的真诚，你就能很容易赢得客户的信任，与客户建立起信赖关系，客户也可能因此喜欢你说的话，并因此答应你提出的要求。能够打动人心的话语，才能感动人。

人与人之间都应真诚相待。那么，销售人员该如何换来客户的真诚呢？答案很简单，只有七个字，那就是：用真诚换取真诚。

当松下电器公司还是一个乡下小工厂时，作为公司领导，松下幸之助总是亲自出门销售产品。每次在碰到砍价高手时，他总是真诚地说："我的工厂是家小厂。炎炎夏日，工人们在炽热的铁板上加工制作产品。大家汗流浃背，却依旧努力工作，好不容易才制造出了这些产品，依照正常的利润计算方法，应该是每件××元承购。"听了这样的话，对方总是开怀大笑，说："很多卖方在讨价还价的时候，总是说出种种不同的理由。但是你说的很不一样，句句都在情理之中。好吧，我就按你开出的价格买下来好了。"

松下幸之助的成功，在于真诚的态度。他的话充满情感，描绘了工人劳作的艰辛、创业的艰难、劳动的不易，语言朴素、形象、生动，语气真挚、

自然，唤起了客户切肤之感和深切的同情。正是他的真诚，才换来了客户真诚的合作。

说话具有真情实感，能够做到平等待人，虚怀若谷，这样的销售人员说的一字一句都犹如滋润万物的甘露，点点滴入客户的心田。

拳王阿里因为年轻时不善于言辞而影响了他的知名度。一次，阿里参赛时膝盖受伤，观众大失所望，对他的印象更加不好了。而当时阿里并没有拖延时间，而是要求立即停止比赛。阿里对此解释说："膝盖的伤还不至于到影响比赛的程度，但为了不影响观众看比赛的兴致，我请求停赛。"在这之前，阿里并不是一个多有人缘的人，但是由于他对这件事的诚恳解释，使观众开始对他产生好的印象。他为了顾全大局而请求比赛暂停的真诚，是在替观众着想，由此也深深地感动了观众。

成功说服表现在如何打动人心上。阿里以一句发自内心的真诚之语挽回了观众对自己的不良印象，也换来了观众对他的支持与喜爱，可谓一字千金。一个销售人员能成功，很多时候并不在于他能滔滔不绝地吹嘘自己，而是他能为客户着想，关心客户的利益，用自己的真诚换来了客户的信任。其实，在这个世界上并没有绝对的正确和绝对的错误，有的只是一个人所站的立场不同。因此在与客户交谈的过程中，销售人员要经常站在客户的立场去为他说几句话，经常主动地去理解客户，真诚地认同客户的话。即使客户的观点有点不符合事实，销售人员也不需要仅仅凭借自己的主观意见去指责或说客户的不是。只有销售人员真诚地关注客户时，才能获得客户的关注。客户也会为销售人员的真诚话语所打动，从而愿意购买产品。

包容和理解客户

忍耐与宽容是一种美德，是面对无理客户的法宝。销售人员需要有包容心，要包容和理解客户。

在销售过程中，难免会出现一些不理解和误会，销售人员具备包容心，会使双方都将误会放在包容之中，将销售过程中所谓利益争夺战转化成轻松的交谈，在和谐的气氛中完成交易。

客户的性格不同，人生观、世界观、价值观也不同。即使这个客户在生活中不可能成为朋友，但在工作中他是你的客户，你甚至要比对待朋友还要好地去对待他，因为这就是你的工作。所以说，销售人员要有很强的包容心，包容别人的一些挑剔，包容别人的一些无理。因为很多客户有的时候就是这样，挑三拣四，斤斤计较，胡搅蛮缠，什么样的情况都会有。

不管客户如何抱怨、挑剔、指责，销售人员都要包容和接受客户的建议。因为客户对企业寄托希望，充满信心，才会不断地提出宝贵的建议，让企业做得更好。所以销售人员要真诚地对待客户、包容客户，感谢客户，理解客户的良苦用心。

一位新上任的商场经理，对连续三个月销售排名第一的一位销售人员感到非常不解。据好多人讲，这位女销售人员其貌不扬，也不善于言

谈，可她铺位的鞋销售得非常好，销售额已经连续三个月在40个铺位中蝉联第一。全商场都是鞋，一个既不善于言谈，也不很漂亮的女销售人员，客户为何垂青于她？

对于这个疑问，经理想弄个明白。于是，他前去观察。看后，终于明白了其中的道理：这位女销售人员主要经营女士鞋，女士买鞋总是喜欢试来试去，这位销售人员不仅不烦，还建议客户再多试几双。"没关系，多试几款，总有一款适合你！"面对客户的挑剔——颜色不好、款式难看、做工粗糙，她总是面带微笑地说："要不再试一试这双！"所以，客户一直试下去，直到满意为止。即使客户试了几双，确实没有合适的，表示不买，这位女销售人员还会面带微笑说："没关系，欢迎下次再来！"

而其他铺位的销售人员在客户试过三款鞋之后就非常不耐烦了，要么开始极力销售，要么表示出不耐烦："就这几款，只是颜色不同。"要么就是："您最好快点，我那还有客户呢！"要么就是："这个价格，还能有多好的做工，有做工好的，价格高，你要吗？"作为客户，谁不想"物美价廉"，你说价格高客户会要吗？

正是凭借着这种对客户的包容，这位女销售人员才赢得了客户，实现了良好的销售业绩。

大千世界，无奇不有，什么样的客户都有，但是客户是"上帝"，"上帝"有挑剔和选择的权利。有时候客户的脾气古怪，有时候做事不可理喻，但他有这样的权利。销售人员做的事情不是去埋怨客户为什么这么不通人情，而是用自己的技巧去赢得客户的心。

客户之中有的对公司挑剔，有的对产品挑剔，有的对人挑剔。有人说价格高了，有人说产品差了，有人说送货晚了，有人说服务不周到了。这些都是销售人员会不断遇到的问题。不管企业做得多么优秀，产品如何好，总会有不满意的客户。而作为一个优秀的销售人员，必须勇敢地面对这些问题，用包容的心态去接纳客户，并且及时提供解决方案。所以艰巨的销售工作造就了销售人员良好的包容和应变能力，会对不同性格、不同年龄、不同性别、不同文化，不同要求的客户采取不一样的应对方法，最后让客户买得放心、买得高兴。总之，只要销售人员在自己的心中装满宽容，那样就会和客户少一分阻碍，多一分理解，也就多了一分成交的机会。否则，将会永远被挡在通往成功的道路上而无法前进。

宽容豁达是优秀销售人员的一种美德，也是面对无理客户的法宝。销售人员需要有包容心，要包容和理解客户。这就要求销售人员要包容客户的无知、挑剔，甚至是无理，对客户要有认真负责的态度，充分考虑到他们的利益和难处，不能因为客户缺乏知识或缺乏常识而表现得不耐烦。同时，对待客户要真诚，要给予适当的情感尊重，对于客户的为难、抱怨等要给予理解，并予以正面的引导。

客户对什么感兴趣，就谈什么

在销售中，销售人员我们怎样做才最能打动客户的心呢？最佳的方法莫过于投其所好了。谈论对方感兴趣的事物，他会认为我们是一个善解人意的

人，从而对我们产生好感。

成功学大师、人际关系学家戴尔·卡耐基在书中就写道："我们要对他人真诚地感兴趣，聆听对方的谈话，就对方的兴趣来谈论以及鼓励他人谈论他自己。"当人们对他人真诚地感兴趣的时候，自然而然就会去关注他的一举一动。那么他的每一个细节都有可能是人们与他交谈的切入点。

投其所好是销售的一个技巧。销售人员通过谈论客户感兴趣的话题，是为了与客户找到共同话题，为自己后来要说的话做铺垫。只要双方有话可谈，再不失时机地进行适当的赞美，客户对就会对你产生好感。

在一般情况下，当人们遇到自己感兴趣的话题，就会投入十二分的热情。但是，如果对话题没有丝毫兴趣，即使对方热情高涨，自己也会昏昏欲睡。

在销售的过程中，若想打动客户的心，最佳的方式是投其所好，即迎合客户的兴趣。这就要求销售人员必须首先了解客户。

了解客户，主要是了解客户的价值取向和兴趣点，就是了解客户对什么事情最关心、最有兴趣。一件事对某个人来说很重要，但对另一个人来说却未必重要，也许是小事一桩，甚至不值一提。如果销售人员不了解对方的兴趣点，只顾自己自说自话，根本就引不起客户的兴致，这就起不到沟通的作用。所以，销售人员一定要了解客户的兴趣点，必须把客户认为重要的事情摆在如同他对你一样重要的位置。你知道他的兴趣所在，这体现出你对他的了解和理解。

有一次，销售人员王鹏出差去西安，任务是与当地一家公司签订销售电脑的合同。王鹏到了这位公司老总的办公室，看到书架上放了一整排房地产方面的书籍。王鹏开始并没有直接进入推销电脑的话题，而是跟老总闲聊了起来。

"李总，听您口音是西安本地人吧。西安真是个好地方，我一下飞机就喜欢上这儿了。"

李总面露微笑："是啊，我从小在这古城墙下长大的，大学毕业后又回到家乡创业，我恐怕一辈子也不会离开这里了。"

王鹏又说："毕竟是六朝古都，西安就是有一种低调的大气在里面，不用张扬，外人却都感觉得到。"

一番开场白说得李总频频点头。王鹏趁热打铁："李总，我看到您有好多房地产方面的书，您真是博学。"

"也没有，只是初步了解一下，西安的房地产也越来越发达了，我也有意涉足。"

"真是太巧了，我哥哥就是做房地产的，我跟您说说他们幕后的事情吧。"

就这样，王鹏与李总从房地产说到金融业，从基金股票聊到保险期货，甚至于人民币升值和美军在伊拉克的局势都聊得热火朝天。结果聊着聊着都时近中午了，老总突然想起了王鹏此行的目的，让王鹏介绍了所销售的电脑的情况，又看了合同，爽快地签了字。

最后李总对王鹏说："看你这个人的性格和谈吐，我就知道你们的产品肯定没错，如果这次合作愉快，我们二期办公室改造的电脑采购还交给你们公司，我下次就找你了。"

一次简单的谈话，不仅谈成了生意，而且拓展了潜在的业务。销售人员王鹏的成功之处就在于发现了客户的兴趣爱好，找到了与客户沟通的共鸣点。所以说，作为销售人员，要使客户喜欢你，原则上是要拿对方感兴趣之

事当话题，让他感觉到自己的重要。在满足对方的自尊心之后，很多事情都迎刃而解了。

人们常说："话不投机半句多。"只要抓住了客户的兴趣，投其所好，不仅不会"半句多"，而且会千句万句也嫌少，越谈越投机。所以说，与客户沟通的诀窍就是：迎合客户的兴趣说话。每个人都有各自不同的兴趣与爱好，一旦销售人员能找到其兴趣所在，并以此为突破口，那所说的话就不愁说不到客户的心坎上。

真诚地赞美，抓住客户的人性弱点

爱听赞美之词，是人的本性。卡耐基在他的著作中讲道："人性的弱点之一，就是喜欢别人的赞美。"每一个人都觉得自己有很多值得夸耀的地方，销售人员如果能抓住这种心理很好地利用，就能成功地接近客户。在产品、销售人员和客户之间建立起情感的联系，一旦形成了这样的联系，购买行为就会随之发生，甚至持续发生。

《黑人文摘》杂志的老板约翰逊，就一直秉持着这样的业务观念。

有一次，约翰逊计划让森尼斯无线电公司成为自己的广告客户。于是，他给该公司的总裁麦克唐纳写了一封信，希望面谈。麦克唐纳很快就回信说："来信已收到。不过我不能见你，因为我不主管广告。"约翰逊的请求被拒绝了。约翰逊自然不会放弃，他想："他是公司的总裁，不管广告，会管什么呢？"经过一番调查，约翰逊了解到麦克唐纳主管着该公司大的政策，其中包括广告政策。于是，约翰逊又给麦克唐纳写了一封信，问是否能去拜访他，跟他聊聊他的公司在黑人社区中进行广告宣传的政策。

麦克唐纳的回信还是很快："你是一个坚持不懈的年轻人，我决定见你。但我事先声明，如果你一谈到在你的杂志上登广告的事情，我就立即结束谈话。"

不能谈广告，那么谈点什么呢？约翰逊决定更深入和全面地认识一下麦克唐纳。他翻阅了所有能找得到的有关麦克唐纳的资料。在《美国名人录》中，约翰逊发现麦克唐纳是一个探险爱好者，还曾到过北极点，时间是在汉森到达北极点之后不久。

了解到这一点后，约翰逊感到胸有成竹了。约翰逊先让自己的手下找到汉森，请他在其出版的一本探险书上签名，以便送给麦克唐纳。接着，约翰逊抽下了他旗下一本将要出版的杂志中的一篇文章，换上了一篇介绍汉森的文章。见面的时间到了。约翰逊终于走进了麦克唐纳的办公室，没想到彼此打完招呼后，麦克唐纳的第一句话竟然就是："你看见那一双雪地靴没有？那是汉森送给我的！他有一本很棒的书，不知你看过没有？"约翰逊说："看过。我这里还有一本。汉森还专门为您签了名。"说着，约翰逊把书递给麦克唐纳。

麦克唐纳非常高兴，一边翻着书一边说："像汉森这么优秀的黑人，你们杂志应该介绍一下。""您的意见非常正确。"约翰逊说着，就把登载着介绍汉森文章的新杂志递给了麦克唐纳。

麦克唐纳看见了介绍汉森的那篇文章后，心情显得更加愉快。他还对约翰逊的杂志的风格表示了赞许。约翰逊告诉他，自己创办这份杂志的目的，就是要介绍像汉森这样克服一切障碍与困难、努力赢得成功的人。听到这些，麦克唐纳抬起头来，慢慢说道："你知道吗，我现在找不出有任何理由不让我们公司在你的这份杂志上刊登广告。"

为什么约翰逊能够拿下麦克唐纳这个大客户的广告订单？因为他对麦克唐纳使用了赞美。

真诚地赞美客户，一直都是销售人员获得客户好感最有效的方法。法国作家安德烈·莫洛亚说过，"美好的语言胜过礼物"。在实际生活中，每个人都有一些不同于他人的东西，并常因此而引以为傲，希望为人所知，受人称赞。销售人员如果能真诚地赞美客户，就可以满足他的虚荣心，从而获得其好感。

销售人员在通过赞美获得客户好感的时候，应注意以下几个要点。

一、赞美客户一定要真诚、热情

有些销售人员去拜访客户的时候，知道要去赞美别人，也很想去赞美别人，可是不知道该如何开口，话到嘴边，又期期艾艾，半天说不出来。有的时候即使说出来了，要么就是声音小得像蚊子，要么就是断断续续，给别人感觉像挤牙膏一样，半天才挤出来一点，自己说得都觉得别扭，更不要说听的人了。所以，若要赞美一个人，就一定要大声、流畅地说出来，一定要真诚、热情，要能感染对方。

二、赞美客户要注意别出心裁

爱因斯坦曾这样说过，赞美他思维能力强、有创新精神，他一点都不激动，作为科学家，这类话他听腻了，但如果谁赞美他小提琴拉得棒，他一定会兴高采烈。因此，赞美客户一定要有新意，不要老是停留在人所共知的优点上，而是要去挖掘客户身上一些鲜为人知的优点，表现出你的独特眼光，让客户得到一些新的肯定，这样效果会更好。比如，如果你面对一位知名的企业家，就不要像别人一样去夸奖他如何会管理企业，而应该看看他有什么别的优点，要注意寻找别人都没有注意到的细节，只有这样你才能出奇制胜。所以，销售人员要做一个善于观察，积极思考力争创新的人，让你面前的每位客户都能听到新颖独特，与众不同的赞美。

三、赞美客户要善于把握机会

如果客户刚刚谈成一笔大生意，或者刚刚得到什么荣誉，那么此时就是一个很好的机会。因为这种时候的赞美显得真实，客户也容易接受，并获得最大的心理满足。当然，这种机会不是说有就有的，如果没有的话，应该怎么办呢？没有机会，就要创造机会。一般来说，在拜访一个客户时，至少有以下两个机会去赞美他。

（1）与客户刚见面的前一分钟内，可以通过对他及其公司的初步印象去赞美。

（2）在沟通的过程中，可以在客户的话语当中找到可以赞美他的地方。当然，这个时候赞美要尽量不着痕迹，不要太过明显，但又要让对方听后感到非常舒服。

四、赞美客户要聚焦一处

在通常情况下，赞美一个人，可以通过以下几个角度来进行赞美。

（1）他的外在形象。有的威严，有的儒雅，有的很有亲和力，有的风度翩翩，有的充满活力。

（2）他的公司建筑，他的办公室的装修摆设，你可以看出他的个人爱好，公司实力。实在什么都没有，则可以说这里很简朴。

（3）他取得的成就。如果成就大的，你可以让他回忆他的企业经历，然后找机会赞美。

（4）他的兴趣爱好。比如，书法、佛学、易经、体育、政治或历史等。

（5）他的家人。有些人无论自己有了多大的成就，都不觉得有什么了不起，但是如果你赞美一下他的孩子，他就会非常高兴。当然，前提是你见过他的孩子，并且你得确定他非常疼爱他的孩子。

当然，还有其他很多的角度，但是不管是什么角度，不管你赞美他的哪一点，在赞美他的时候一定要聚集一处，不要兵力分散，否则，效果不会太好。作为销售人员应该记住：十次赞美客户的十个优点，不如十次赞美客户的一个优点。

总而言之，只要销售人员掌握赞美客户的这个诀窍，就会很容易地获得客户的好感，使销售工作变得不再困难。

第八章　积累人脉，
销售就是交朋友

为客户着想，客户就会买你的产品

在销售的过程中，销售人员应该把客户当作与自己合作的长久伙伴，而不是时刻关注怎么最快地把商品卖给客户。销售人员只有把客户的问题当作自己的问题来解决时，才能取得客户的信赖。因为，适当地为客户着想，会使销售人员与客户之间的关系更趋稳定，也会使他们的合作更加长久。

有一次，保险推销员贝吉尔去见一位准顾客，这位准顾客正考虑买25万美元的保险，与此同时，有10家保险公司向这位顾客提出了计划。

贝吉尔见到他时，对方应道："我已经请一位好朋友处理，你把资料留下，好让我比较比较哪家更便宜，更适合我。"

"我有句话要真诚地告诉您，您根本没有必要比较，现在您可以把那些计划书都丢到垃圾筒里。因为保费计划的基础都是相同的起点，任何一家都是相同的。我来这里，就是帮助您做最后的决定。以银行贷款25万美元而言，受益人当然是银行，关心您的健康才是最重要的。不用担心，我都您约好的医生是公认最权威的，他的报告每一家保险公司都

接受，何况做25万美元保金的高额保险的体检，只有他够资格。"

"难道其他保险公司不能帮我安排吗？"

"当然可以，但是你可能会耽误3天，如果您患了感冒，时间一拖，保险公司甚至会考虑再等三四个月才予以承保……"

"哦！原来这件事有这么重要。贝吉尔先生，我还不晓得你究竟代表哪家保险公司？"

"我代表顾客！"贝吉尔在迅雷不及掩耳的积极行动下，顺利地签下一张25万美元的高额保险合同，其所凭借的利器就是为客户着想、及时行动，快速促成。

在销售的过程中，作为销售人员，要时刻站在客户的角度去为他着想，让客户时刻感觉到你的特别照顾，感觉到你是他们的自己人，只有这样，才会对你所要销售的商品和你本人感兴趣。最适用的一点就是为客户提供能够为他们增加价值和省钱的建议，这样销售人员才能够得到客户的欢迎。要做到时时刻刻为客户着想，站在客户的立场上来看待问题，销售人员就先不要考虑将从中得到的利润，要考虑怎样才能够为客户省钱，帮助他们以最少的投入获得最大的回报。

客户想要什么？客户需要什么？特别是在一些小细节上面、细微之处见实力。要了解客户的消费心理，了解客户的感情，和客户打成一片，处处为客户着想，让客户有一种家的感觉，只有这样才会有更多的客户，只有这样才能在竞争中立足。企业如此，销售人员亦如此。

销售人员不仅是企业的代表，也是客户的顾问。平时要想客户之所想，急客户之所急，不辞劳苦，积极为客户服务。为此，一个成功的销售人员应时时把客户的利益放在第一位，替客户着想实际上也是在替自己着想。

站在客户的立场，处处为客户着想，首先就要假设自己是客户。假设自己就是客户，考虑一下自己想购买怎样的产品和服务？自己真正需要的是什么？会如何要求售后服务？这样就能让自己站在客户的立场去看待问题。公正地为客户着想，首先要对自己的产品有信心，而且知道面前的这个客户是不是需要购买这个产品。不要向一个不抽烟的人销售烟灰缸，因为他不需要这个。

销售人员站在客户的立场上，就比较容易抓住销售的重点。事实上，大多数销售人员对客户所持的态度，与应做到的设身处地为客户着想相比，还有很长一段距离。他们最典型的态度往往是："对于客户为什么要购买那些产品或服务，我对此一点也不感兴趣。重要的是，客户买了产品或服务，而我则拿到了钱。"如此的心态，能够培养忠实购买产品的回头客吗？显然不能！要想取得客户的信任，关键是要让客户感受到你为他服务的良好态度，是否处处为客户着想，是否站在客户的立场上去看待问题，帮助客户去解决问题。在与客户交往的过程中，要特别注意的就是设身处地为客户着想，在为客户提出任何意见和建议时，都要告诉客户这样做对他的好处。

一家公司想做一个10平方米的大屏幕，找到一家电器公司为他们定做。销售人员经过具体测量后，告诉他们做10平方米大屏幕不太好，只能做8平方米，否则视觉效果会不好。别人说这个销售人员很傻，客户想做大一些还不好？做大一点就可多赚钱。可这个销售人员却是这样想的：如果我没有说"不"，而是按照他们的要求做了10平方米的大屏幕，安装完毕后如果他们觉得不对，我一句话就可以说清楚："当初是

你们要做10平方米的啊！"可即使我这么开脱，他们嘴上不说，心里也会觉得是我坑了他们，因为我是专业人士，应该站在他们的立场上，给他们提出中肯的建议。

可以说，能为客户着想，是销售的最高境界。当客户意识到销售人员在想方设法、设身处地地给他提供帮助时，他会很乐意与其交往，更乐意与其合作。所以，在销售的过程中，只要销售人员能够站在客户的立场上为他们的利益着想，并真诚地与他们进行交流，就会赢得他们的信赖，并使之成为长期而牢固的合作者。

沃尔玛公司是世界上最大的商业零售企业之一，在沃尔玛公司拥有500多亿美元的资产时，老板萨姆·沃尔顿率领的采购队伍仍然非常节俭，有时8个人住一个房间。对此，有人问萨姆·沃尔顿："这么大的公司为什么还要这么精打细算？"萨姆·沃尔顿回答说："答案很简单，我们有义务为客户着想，我们珍视每1美元的价值。我们的存在是为客户提供价值，这意味着除了提供优质服务之外，我们还必须为他们节省钱。如果沃尔玛公司愚蠢地浪费掉1美元，那都是出自我们客户的钱包。每当我们为客户节约了1美元，那就使我们自己在竞争中领先了一步——这就是我们永远打算做的。"为客户节约1美元，在销售定价上就低了1美元，在竞争中就领先了一步。

站在客户的立场，设身处地为客户着想，客户没想到的，销售人员为他想到、做了。客户认为销售人员做不到的，销售人员却为他做到了。客户认为已经很好了，销售人员要更好。

设身处地为客户着想，是做到始终以客户为中心，作为一名销售人员，能经常地换位思考是非常重要的，设身处地为客户着想就意味着销售人员能站在客户的角度去思考问题、理解客户的观点、知道客户最需要的和最不想要的是什么，只有这样，才能成功地拿到订单。客户有了切身体会，就会带来更多准客户，进而为销售人员积累更多人脉。

拓展人脉，扩大销售范围

人脉是由人际关系形成的人际脉络，它体现出一个人的人缘和社会关系。人脉经常被用于商业领域。事实上，不管进入什么行业，每个人都应该学会拓展人脉、使用人脉。人是群居动物，如果想在社会上生存和发展，那么就必须与各种各样的人打交道。有一句话说："一个好汉三个帮，一个篱笆三个桩。"这句话就道出了人脉的重要性。美国斯坦福研究中心有一份调查报告显示：一个人赚的钱，12.5%来自知识，87.5%来自关系。很多人看到这个数据都觉得很震惊，事实就是如此。当然这并不是说专业知识就不重要了，而是说人脉关系对一个人的事业非常重要。

销售领域就是一个需要广泛人际关系的领域，一个优秀的销售人员就是

一个交际高手。作为一名销售人员，如果你拥有广阔的人际关系，那么它对你来说，将是一笔不容忽视的潜在财富。

人脉资源有哪些分类呢？作为销售人员，如果你了解了这些，你就能更好地拓展你的人脉了。人脉资源按照其形成的过程可以分为血缘人脉、学缘人脉、事缘人脉、地缘人脉、客缘人脉、随缘人脉等；按照其所起作用的不同又可以分为政府人脉、行业人脉、金融人脉、技术人脉、媒体人脉、高层人脉（老板、上司）、客户人脉、低层人脉（同事、下属）等；按照其重要程度又可以分为核心人脉、紧密层人脉等。下面来看看这位销售人员是怎么建立起自己的人脉网的。

美国有一家著名的直销公司。有一次，这家公司要派一位精明能干的销售人员去开拓一个新市场。可是，公司里没有一个人在那个地方有人脉。就在大家一筹莫展之际，一个刚来公司上班的销售人员请求去开拓新的市场，他的名字叫杰克。杰克的举动让大家觉得他不自量力，但杰克还是毅然决定前往。

杰克带着行李，在同事们怀疑的目光中，坐上了飞机。一坐上飞机，杰克就向空姐咨询自己将去的那个城市的情况，并且跟空姐聊了起来。在聊天的过程中，他们渐渐地成了朋友。空姐的男朋友也在杰克要去的那座城市，因此，空姐把她男朋友的电话号码告诉了他。在飞机飞到一半时，杰克又和座位两边的乘客攀谈了起来，并且也成了朋友。

由于杰克开朗热情、乐于助人，当他下飞机时，他手机里已经添存了十几个电话号码。

下了飞机后，杰克便住进了宾馆。在宾馆里，杰克很快又与值班经理成为朋友。在拥有这么多朋友的情况下，经过两个多月的努力，杰克的销售业绩呈直线上升。公司领导对他的销售业绩感到十分满意，便破格提拔他为大区销售经理。

杰克自告奋勇地去一个没有任何人脉的地方开拓新的市场，这在同事看来，简直就是不可思议的。可是，杰克最后却满载而归，不仅令同事们刮目相看，还被提升为大区销售经理。杰克之所以能取得这样的成绩，一个重要的原因就是因为他一上飞机就开始为自己建立人际关系。通过努力，他在两个月的时间内就为自己建立起了广泛的人际关系。人脉就是命脉，杰克的销售业绩出乎公司领导的意料也是情理之中的事。

从上面这个故事中，销售人员可以明白一个道理：人脉对于想要追求事业成功的人来说，往往就意味着机遇。一个朋友，甚至是一个初次相识的朋友，他带给你的也许就是你命运的转机，人脉是宝贵的资源。作为销售人员，你很多时候都可以凭借着良好的人际关系推销产品，这不仅能轻松地推销出你的产品，还能结交很多的朋友。相反，如果你不擅长运用人际关系，交际圈子狭小，性格孤僻内向，那么你就很难将你的产品推销出去。

人脉对于销售人员来说至关重要，但它并不是生来就有的，想要拥有好的人脉就需要你不断去拓展。你的人脉代表了你的交际能力的强弱，也预示着你的人生发展方向。那么如何拓展你的人脉呢？

拓展人脉有几个关键点，其中互相帮助、共同获利是基础。假如一个人只想从对方身上获取利益，自己却一毛不拔，那么，彼此的交往就不可能长久下去。俗话说，"有付出才有收获"，你给别人什么样的帮助，才会得到别人什么样的帮助。所以，作为销售人员，如果想把人际关系搞好，那么共

同分享资源是十分必要的。为了建立更好的人际关系，以下几种方式供广大的销售员借鉴。

一、从大处着眼，圈定销售对象范围

对于个人消费品来说，销售人员应分析自己销售的产品主要能够满足哪些客户的需求，其客户群分布在社会哪个层面上，进而根据这些客户的总体特点初步拟定销售场所和时间。如某种化妆品，按其档次及特点判断出适用于职业女性，故而应在晚间上门销售；如果是工业品，则要确定产品是满足哪一类型工厂的需要。

二、列出潜在客户的名单

（1）客户利用法，即利用以往曾有往来的客户寻找并确定新的客户。对过去往来的客户应设法保留。

（2）社会关系法，即通过同学、朋友、亲戚等社会关系来寻找可能的客户。通过这种方法联系到的客户，一般说来初访成功率应较高。

（3）人名录法，即细心研究你能找到的同学录，行业、团体、工会名录，电话簿、户籍名册等，从中找到潜在客户。

（4）家谱式介绍法，即如果客户对产品满意并与你保持良好的人际关系，那么你不妨请他将产品介绍给他的亲朋好友或是与其有联系的客户。

三、挑选最有希望的客户

销售人员要对潜在客户进行分类，挑选出最有希望的客户。一般来讲，客户可分为三大类：一是具有明显的购买意向并具备购买能力者；二是在一定程度上的可能购买者；三是对是否会购买尚有疑问者。基于此，销售人员挑选出重点销售对象，会使你的销售业绩明显提高。

主动帮助客户，让客户倍感温暖

不要只是自私地关心客户这次跟你订购了多少的商品，这样的销售人员在客户的眼中是一文不值的，他也许现在依然跟你做生意，但是只要有机会他随时会找机会把你替换掉。

作为销售人员，假如把每一次去见客户，都当作去与初次见面的朋友约会，就可以找到一种感觉，那就是彼此见面时而产生一种愉快感。这种感觉得体，落落大方，甚至感到亲切，这样一来接下来的销售也就可以顺利进行了。当然，销售人员应该把客户真真正正、确确实实地当成能够彼此信任的朋友，而不是为生意而虚假的友善亲切的面孔。

有一个保险销售人员就是因为会把握人情而做成了一笔大生意。有一次，这位销售人员去见一位准保户，解说过程很短，因为对方说，他那位有钱的农夫叔叔有紧急事情待办，而且他对储蓄险没兴趣。事实上，这位销售人员把文件拿出来之前，准保户就已经往外走了。

销售人员走回停在庭院里的车子旁边，见到客户口中的那位叔叔正

193

躺在地上修理引擎。销售人员走过去，告诉那位先生修理引擎是他最拿手的，他立刻脱掉夹克，卷起袖管，花了整整两个小时修好引擎。销售人员受邀回屋里喝一杯，而女主人则留他吃晚餐。当他准备离开时，主人要求他第二天再来谈储蓄险的事。

第二天，这位销售人员做成了这笔交易。

由此可见，销售人员如果有机会帮助客户，就千万别错过时机。你帮助了客户，替他解决了一个难题，使他心里很感激，此时，你再向他销售产品时，他便不好意思拒绝了。所以说，当客户需要帮助时，就是销售人员对他们更加关注的绝妙时机，也是销售成功的大好机会。

怀特中学毕业后，就在一家家具店做销售人员。一天中午，他正在家具店里打扫地面，一位上年纪的妇女走了进来，怀特接待了她。

"我能为您做点什么吗？"

"噢，是这样的。我以前在你们店里买了一张沙发，可现在它的一条腿掉了。我想知道，你们什么时候能帮我免费修好？"

"您什么时候买的？"

"有10年左右了吧。"

由于沙发买的时间太久了，怀特不能马上给予答复，便跑去向经理说："这位客户想让我们免费为她修理10年前买的旧沙发。"经理吩咐怀特告诉她，下午就到她家里去修沙发。

怀特和经理给那位老妇人的沙发换了一条腿，然后就离开了。在回家的路上，怀特一声不吭。经理问："怎么了，为什么不高兴？"

"我们是卖家具的，不是修家具的。假如总是这样跑大老远地给人免费修沙发，到头来我们能挣几个钱呢？"

"不能这样想，你得尊重和帮助你的客户。况且，学着做一些修理活儿对你没有坏处。另外，你今天错过了最重要的一个细节。我们把沙发翻过来后，你有没有注意到那上面的标签？其实，这张沙发不是我们店卖的，而是从其他家具店买的。"

"你的意思是，我们为她修理沙发，一分钱不收，而她根本就不是我们的客户？"

经理看着怀特的眼睛，郑重说道："不！现在她是我们的客户了。"

两天后，那位老妇人再次光临。这一次她从怀特的店里买走了价值几千美元的新家具。

如今，怀特在销售行业已经干了30多个年头。他一直给不同的公司做销售代理，而怀特的销售业绩始终是最好的。

销售的过程是帮助客户满足其需要的过程。销售人员不要光想如何赚客户的钱，而要先想如何满足客户的要求，使客户乐意掏钱购买的商品。一切销售策略的运用，旨在满足客户的需求和解决客户的问题，同时达到成功销售的目的。所以，销售人员必须协助客户使他们得到想要的东西，然后自己才能赚钱。

做生意就是做朋友，当销售人员不断地与客户建立牢固的友谊时，便有了广泛的人际关系，那时离成功也就不远了。

　　小吴刚做工作不久，对业务也不是很熟悉，在一个周末，有一位年约50岁的归国华侨去他那儿办理好几笔存单的密码挂失，而里面有一张存单是他妻子的，当时小吴也不是很清楚会计制度，就叫他提供两人的关系证明。那客户也不嫌麻烦来回好几趟把他所能提供的证明都给了小吴，里面包括他个人的身份证、护照、他们的结婚证、他妻子的身份证，家人的户口本。那时已临近下班，小吴的接班人发现这一问题及时指出这是不可受理的业务时，小吴有深深的负罪感，因为是自己的失误让客户等了2个多小时，还让他这么来回跑，最终却不能帮他解决问题，小吴感到很尴尬，可是客户却笑呵呵地说没有关系。

　　后来这位客户主动跟小吴联系，有次还跑到柜台放下几百元人民币说给他买水果，小吴当然没有拿这笔钱而是在领导的陪同下当晚就给客户送回。后来问起他为什么对小吴那么好，他说小吴为人热情，虽然从前不认识，但是小吴对待他却像朋友一样。最后，两人竟成了很好的朋友，并一直保持着联系。

　　有句话说得好：做销售，就是做关系，可关系是需要不断建立的。主动地帮助别人，主动地帮助客户，就是在建立关系。关系处得好，客户自然会与你感情很融洽，也就自然会来帮助你，成就你的销售事业。

　　凡事多替别人着想，尽量帮助别人，给人方便。这样，别人就会感到温暖。一个热诚的销售人员必定敬业乐群，设身处地多为客户的利益着想，把客户的事当成自己的事来处理。他深知，销售既非强迫贩卖，也非求人购买，而是在帮助客户做出正确的决定，使客户用合理的代价买到他所需要的东西。

送客户的小礼品要送得巧妙

中国自古就是礼仪之邦，传统上很注重礼尚往来，送礼品已成了最能传情达意的一种沟通方式，节日里尤为显著。古人说，千里送鹅毛，礼轻情意重，在物质极大丰富的今天，送一个小小的礼品意义在于加固沟通的桥梁，所表达的感谢之情要重于礼物本身。

很多人认为，赠送客户礼品主要是向客户表示感谢，同时又巩固、加强了公司与客户之间已有良好关系。一次调查显示，在赠送商务礼品的公司中有47%的回答是"有效果"或"很有效果"，另外39%的公司认为"有点效果"，只有2%的公司认为送礼毫无益处。可见，礼品是销售人员与客户之间的润滑剂。

给客户送礼很有学问，送多了负担不起，送少了又显得太寒酸。最好的礼物是让准客户感觉良好，又受之有愧。

让我们看看下面的两个故事：

原一平经常给准客户送"大礼"。

通常，原一平的第二次拜访比第一次规矩，把握"说了就走"的原则，找个适当的理由，讲几分钟就走。

问题的关键就在第三次访问。

有一天，原一平去拜访一位准客户。

"你好，我是原一平，前几天打扰了。"

"瞧你精神蛮好的，今天没忘记什么事吧？"

"不会的，不过，有个请求，就劳烦你今天请我吃顿饭吧！"

"哈哈，你是不是太天真了，进来吧！"

"既然厚着脸皮来了，很抱歉，我就不客气了。"

回家后，原一平立即写了一封诚恳的致谢信。

"今日贸然拜访，承蒙热诚款待，铭感于心，特此致函致谢。晚辈沐浴在贵府融洽的气氛中，十分感动。"

另外，原一平还买了一份厚礼，连信一起寄出。

关于这份特别礼品，原一平自有标准：

如果吃了准客户1000日元的饭，原一平回报他2000日元的礼品。

第三次访问过后20天，原一平会做第四次拜访。

"嘿，你好，你的礼物收到了，真不好意思，让你破费啦！对了，我刚卤好一锅牛肉，吃个便饭再走吧！"

"谢谢你的邀请，不巧今天另有要事在身，不方便再打扰你。"

"那么客气，喝杯茶的时间总还是有吧！"

人与人之间的感情，是在日积月累之中逐渐建立起来的。

在美国，一位销售人员去拜访一家公司的董事长，董事长正要下逐客令时，秘书推门进来了，对董事长说了一句话："今天没有邮票。"

这个时候，销售人员站起来与董事长告别走了。

第二天他没有去拜访董事长，而是去拜访了秘书，见了秘书之后问了秘书昨天给董事长说的"没有邮票"是什么意思？秘书告诉他，董事长有个独生子，喜欢集邮，过几天就是他的生日了，董事长要求秘书把来往各地信件的邮票收集一下，作为礼物送给他。销售人员一听，想到自己公司与全国各地也有信件的往来，于是就收集了一大堆邮票，再次拜访董事长。

董事长一见他就说："你怎么又来了，我不需要你的产品。"这时销售人员说："我今天不是来推销的，我是来给你送邮票的。我听说你儿子喜欢集邮，因此特地来给你送邮票。"董事长一听，非常高兴，事情发展到这个阶段，他会怠慢这个销售人员吗？

实际上，销售人员的那些小礼物和客户所拥有的财富比起来，只能算是小巫见大巫。销售人员应当明白，客户想要的并不是礼品，而是在礼品中所蕴含的情感。因为礼品可以用金钱买得，而情感却不能。

一般说来，赠送客户礼品，礼品不在大小，贵在让客户明白销售人员心中有他。既要表达你的心意，又不至于使接受礼品者尴尬。否则的话，你的客户会觉得像是收了什么贿赂一样，而且有可能认为你想收买他。所以，一些对此敏感的公司会禁止他们的销售人员花钱请客户吃饭。因此，销售人员你在销售之前要多做准备，要确认礼品能够被客户接受，礼物太昂贵的另一个危险是，客户有可能不收你的礼品，而要求你降价卖产品给他。

总而言之，进退之间要把握得恰到好处，对准客户的好意要有分寸，不可随便。太随便，其弊端一旦发生将很难挽回。销售人员与客户之间的感

情，就是在这种一进一退、日积月累之中逐渐建立起来的。

究竟如何赠送客户礼品，要把握以下原则：

（1）根据不同的客户，选择不同价值的礼品。

（2）根据客户的趣味不同，精心挑选礼品。

（3）选择最佳赠送礼品的时机，给客户留下更深的印象。

（4）赠送的礼品要品质优、适用性强，经久耐用。

（5）最好让礼品更具有私人性、专一性。

（6）礼品的包装要精致美观，吸引人。

（7）根据礼品用途选择不同的赠送场合。

客户是销售人员的衣食父母，给客户送礼的意义无须赘言，许多销售人员就这样用礼品战术打动了客户，关键是要做到选对礼、送对人、送得巧妙并不容易，搞不好会弄巧成拙。

结交贵人，背靠大树好乘凉

贵人，是生活中不可或缺的人。人的一生，总会出现一些对你加以指点、扶持、提拔、抚慰、协助你渡过难关的人，这样的人对于你来说就是你的贵人。这将直接关系到人生的飞跃和发展。因为有贵人相助，可以帮助打开你机遇的天窗，让你拨云见日，豁然开朗，走入成功的行列；可以大大缩短你努力成功的时间，加快你成功的速度，使你站在巨人的肩膀上。

同样的道理，"结交贵人，背靠大树好乘凉"也适用于销售领域。作为一名销售人员，如果你能给自己找一棵大树依靠，那么你在推销产品的过程中，自然会得到很多意想不到的帮助。俗话说，"物以类聚，人以群分"，有钱人结交的朋友更多的是有钱人，而且他们也有相同的兴趣与爱好。如果一个有钱人喜欢你的产品，那么他的朋友喜欢你产品的可能性也很大。

有这样一个故事：

有一次，甘道夫很幸运地与一位百万美元保单的客户成交了。在这位客户签单时，出于职业的敏感性，甘道夫判定这是一位有钱人。他暗自想道：他是有钱人，那么他的朋友大多也是有钱人。如果能得到他的帮助，那么自己就等于挖到了一座金矿。因此，在成交之后，甘道夫并没有马上离去，而是找话题跟那位客户聊了起来。

聊到最后，甘道夫拿出了一个徽章送给这位客户，徽章的上面写着一句话："许多人都在寻找曾经出现过的东西，并且不停地问：'为什么？'而我却梦想从未出现的东西，并且问：'为什么不是？'"

那位客户接过这个很精致的徽章，立马就喜欢上了它，并且把它挂在自己的办公室里，用它来时刻激励自己前进。原来，这位客户是一家大公司的董事长。在召开会议那天，那家公司的高层领导都聚集在这间办公室里。

会上，大家都看到了那个徽章，觉得十分好奇。会后，公司总经理终于忍不住问道："董事长，你这徽章是哪里来的，上面怎么还刻有

字呢？"

那位董事长见大家都很感兴趣，便乐呵呵地回答道："这是寿险销售人员甘道夫赠送给我的。据说，只要是100万美元以上的保单的客户，他都送给他们一个漂亮的徽章。"

大家一听，十分高兴，便都央求董事长告诉他甘道夫的联系方式。果然没过多久，很多人都给甘道夫打来了电话。甘道夫因此签订了很多100万美元以上的大单子。

从上面的故事中可以看出：甘道夫之所以能取得如此成功，就在于他巧妙地运用了第一个签下百万美元大单客户的人际关系。他深知结交贵人的好处，就故意与客户拉近关系，并赠送给这位客户一个刻有字的徽章。果然不出他所料，他的徽章起到了他想要起到的作用。那位客户的朋友看到这个徽章时，都对它产生了好奇。因此，自然也联系他，要求买100万美元以上的保险。

故事中那位买100万美元以上保险的客户就是甘道夫的贵人，在那位贵人的介绍下，甘道夫很顺利地签下很多大单子。

一般来说，有贵人相助的人生会比较顺利，但是要找一棵能够乘凉的大树不仅需要运气，还需要打造良好的人脉关系。结交贵人吧，让他们为你推销产品，让他们帮你成就你的事业。

美国某铁路公司的总裁史密斯曾说过："铁路的95%是人，5%是铁。"他这句话的意思就是说，想要在一个行业崭露头角，除了基本功之外，你还要花费更多的精力去拓展你的人脉，只有你认识的人越多，你才越可能获得更多成功的机会。

在社会上打拼，靠实力，也要讲关系和缘分，贵人相助是其中极为重要的一环。有时候，某人的一句话就能令你茅塞顿开，这个人就是你的贵人；有时候，某人的举手之劳帮你卸掉了重负，让你轻装上阵、信心百倍，这个人就是你的贵人；有时候，某个人不经意间的一个提示，让你豁然开朗有如神助，这个人就是你的贵人。

秦伟是一家保险公司的销售人员。他的信条就是"得贵人者得天下"。他认为干保险这一行，人人都可能成为他的贵人，有了贵人的帮助自己就能做到左右逢源。有了贵人的提携，没有谈不成的生意，没有贵人的扶持，无论身在哪一行都可能寸步难行。

比方说某次他去一位大老板的公司谈业务，刚好看到他们公司看大门的老大爷不小心跌了一跤，他便顺手扶了一把，结果没想到这位老人竟然是那位公司老板的父亲，于是他的业务没谈就成了。秦伟从此更信奉"得贵人者得天下"了。

虽然，表面上看，秦伟的虔诚多少有点迷信的色彩，但是，在社会生活当中，谁能保证仅靠一个人的力量就能成功呢？

事实上，在21世纪的今天，无论你从事什么行业，广告、保险还是传媒、金融、证券……没有人脉的力量，没有贵人的提携.无论你做什么事情都要多走许多的弯路，都要交一大笔学费。

在现实社会中，拥有广泛的人脉就好比拥有了广泛的通往成功的道路，而你所有的人脉就是带你走上这些成功之路的向导，没有他们的指引，即便是有才华的人也不过是一个与成功擦肩而过的人罢了。

销售人员要知道，贵人虽然很重要，但是贵人身上并没有贴标签，谁都不能一眼就认出谁会帮助你，谁会阻碍你；跟什么样的人打交道可以让你获益，跟什么样的人在一起会让你受到牵连。这就需要你在平时多静下心来思考自己的发展方向，多思考什么样的人可能对你有帮助，当然未来可能发生的事，谁都不可能提前预知。但是，只要是一个人谦虚谨慎，主动帮助别人，那就很可能在不经意间成为贵人帮助的对象。

在客户的情感方面做"文章"

销售从表面看来不过是商品和货币的交换过程，仅仅存在着商家和客户的买卖关系，其实，并非如此简单。很多时候，销售人员销售的不仅商品而且还有情感。

美国推销大王乔·坎多尔福曾说过："推销工作98%是感情工作，2%是对产品的了解。"乔·吉拉德也曾说："你真正地爱你的客户，他也会真心爱你，爱你卖的东西。"

在销售的过程中，客户从产生购买愿望到实现其购买行为，是由多种因素促成的，而精神因素时常起着决定性的作用。如果企业的各种生产经营行为都能从"情"字切入需求，找到企业与客户的情感沟通的纽带，进行准确的定位和有分寸的"切入"，使客户持续不断地感受心灵的冲击，即能潜移默化地影响客户的心理，从而全力激发其潜在的购买意识，达到"润物细无声"的巧妙作用。

纵观在销售中成功的商家无一不是在"情感"上做文章。可口可乐公司太平洋集团公司总裁约翰曾讲过一句耐人寻味的话："可口可乐并不是饮料，它是一位朋友。"正因为可口可乐公司拥有远见卓识的经营哲学，奉行了成功的情感渗透策略，才使可口可乐成为一代霸主。人们之所以欢迎"情感销售"，就是因为商家把商业行为用浓浓的人情味巧妙地包装起来，千方百计地满足客户的合理需要，以此拨动客户的心弦。

一位卖宝石的销售人员看见一个正在犹豫不决之中的中年妇女站在柜台前，便迎上去说："很高兴您能光临这里，我很乐意为您服务，您用上这东西，一定会使您更美，而您先生也会更喜欢您。"

不等中年妇女开口，销售人员又说："您买了这东西，就是想脱手也能卖出高价钱，对您的家庭也是一种贡献嘛！"

中年妇女终于动了心，请销售人员拿出柜台里的宝石来挑选。

上面那位销售人员的成功就在于从客户家庭的温馨和睦出发，并连带考虑到了宝石增值的问题，俨然是一位老朋友在诚心诚意地为朋友着想，这种情感的注入是留住客户的第一步。

情感与人的需要是紧密相连的。人的需要有多种多样，但哪一种都同情感有关。销售人员的销售策略符合客户的需要就会产生积极的情感，进而顺利地促成客户实施购买行为。

　　有一对颇有名望的外商夫妇，在我国一家宝石店选购首饰时，对一只八万元的翡翠戒指很感兴趣，可又因价格昂贵而犹豫不决。这时深谙客户心理、富有销售经验的售货人员介绍说：某国总统夫人来店里时也曾看过这只翡翠戒指，而且也是非常喜欢，但由于价格太贵，没有买。这对夫妇听完后，二话没说，当即买下了这只翡翠戒指心满意足地走了。为什么售货人员的寥寥数语竟有如此大的效力？显然，是因为满足了他们的自豪感。

　　一位一只脚大，一只脚小的女士到鞋店买鞋，都不合脚，店家都对她讲：鞋不合适是因为您的一只脚比另一只大。这位女士听后，拂袖而去。而有一家店老板灵活善变，改换个角度对她讲：太太，这是因为您的一只脚比另一只小巧。女士听后十分高兴，买下大小不同的两只鞋走了。

　　销售与情感的有机结合是销售人员智慧的体现。销售人员不仅要将此作为销售中的日常功课，而且要善于辩证思考，巧妙变通，极大满足客户的情感需要。

　　从某种角度上说，销售其实是一项情感性工作。因为销售的重点就是赋予产品生命力，让产品与客户建立情感联系，进而使客户爱上这个产品。所以说，情感就是销售过程中的催化剂。客户对产品的情感，源自客户对产品的满意，要让客户觉得满意，销售人员就要对客户持续不断地、细致入微地关心。要成为一名出色的销售人员，是绝对需要用心的，要付出一定的努力和情感，要把销售工作当作一种乐趣，而不仅仅是工作。

用心去做，感化客户

在市场经济时代，客户就是经营者的"衣食父母"，因此，销售人员必须主动与客户沟通，并建立一种亲密的朋友关系。

作为销售人员，付出真诚，让客户感受到你的关心，就能赢得客户。所以，如果你不想失去客户，就要拥有一颗爱人之心，努力营造彼此友善相处的良好沟通氛围，这样才会在销售中无往不胜。

一个雨天的上午，一位老妇人走进一家百货公司，她毫无目的地在商店内逛来逛去，很明显她进百货公司的目的是躲雨而不打算买东西。大部分售货员只对她瞧上一眼，并没有理她，便自顾自地整理货架上的商品，以免这位老妇人去麻烦他们。

这时，一位年轻的店员看到了这位老妇人，便立刻走过去，并向她打招呼，很有礼貌地问她："您是否有需要服务的地方？"

这位老妇人对她说："我仅仅是进来躲雨，并不打算买东西。"

这位年轻的店员安慰她说："即便是您不想买东西，您仍然是受欢迎的。"

店员说完话后，并没有急于回去整理货架上的商品，而是留下来主

207

动和这位老妇人聊天，以显示她确实欢迎这位不买东西的客户。

当这位老妇人离去时，这名年轻的店员还陪她到街上，并替她把伞撑开。临别时，这位老妇人问这位年轻的店员要了一张名片，然后径自走开了。

后来，这位年轻的店员早已完全忘了这件事。然而，有一天，他突然被公司老板请到办公室去，老板向他出示了一封信，信是那位老妇人写来的。

原来，这位老妇人是一位富商的母亲，她就是这位年轻的店员在几个月前很有礼貌地护送到街上的那位老妇人。

这位老妇人写信，要求这家百货公司派一名售货员到休斯敦，代表该公司为其提供装饰一所豪华住宅所需的物品。

在这封信里，这位富商的母亲特别明确地指定要由这位年轻的店员代表公司去和她接洽，交易金额数目巨大。

倘若这位年轻的店员像其他店员一样，不理睬这位不打算买东西的老妇人，那么，他就不会获得销售机会及以后的晋升。

戴尔·卡耐基说："时时真诚地去关心别人，你在两个月内所交到的朋友，远比只想别人来关心他的人在两年内所交的朋友还多。"一个从来不关心别人的人，一生必定遭受层层的阻碍，既损人又害己，注定是个失败者。

所谓真诚关心是发自内心地去关心客户。关心当然无大小之分，一句诚挚的"谢谢"，一个会心的"微笑"，简单亲切的"问好"，诚心诚意的"道歉"，这些虽然微不足道，但只要真诚，就很感人。销售人员关心客户，只要发自内心地去帮助客户排忧解难，就不愁和客户不成为朋友了。

真诚是人生最大的资本，有了真诚，你才能够做好工作，没有真诚，任何成功的机会都会与你无缘。只有真诚待人，才能赢得客户对自己的尊重和友谊，才能建立起信任和理解，才能促进工作的顺利完成。

有一次，小张上门给客户送产品时，听客户说，他隔壁住了一位老太太，先生早逝，儿女都在海外，身体情况不太好。小张心里就想，也许公司的营养保健食品对她会有所帮助。于是，小张就在客户的引见下登门拜访。知道小张的来意后，老太太婉拒地说："我不太相信什么保健品，就连儿女买的保健品还有很多没开封呢。"

离开后，小张总是记挂着这位孤独的老人，每逢去那位客户家送货时，都要去老人家坐坐，陪她聊一会儿天。没想到有一天，老人向来看她的小张认真地咨询营养品的功用，还请小张针对自己的身体情况推荐几款。

生意就这样做成了，就连小张自己都有些纳闷：自己再也没向老人推销过产品，她怎么会有180度的大转弯呢？其实，有经验的销售人员一看就明白，是小张对老人真诚的关心最终促成了交易，因为它满足了老人被了解与被重视的需求。

俗话说："感人心者，莫先乎情。"这种"情"就是指人的真实感情，只有用你自己的真情才能换来对方的情感共鸣。销售人员的真诚是赢得客户的唯一正确的选择，虚伪虽然可以一时得利，但天长地久必然是真诚获得对方的欣赏。对客户真诚是获得友谊的秘诀，是获得好声誉的最好的方法，好

的声誉是一辈子的财富，是一座挖不完的金矿。

作为销售人员，在与客户的沟通中，只要你用真心热爱你的客户，真心实意地去帮助你的客户，日久天长，你就会惊奇地发现，你对客户怎样，客户也会对你怎样，你若真心喜欢客户，客户也会真心喜欢你；你若讨厌客户，客户也自然会讨厌你；同样你若用心去爱客户，客户也会用心爱你。因此，销售人员要用自己的真诚去吸引客户，去赢得客户的尊敬。

开发新客户不如维系老客户

优秀的销售人员都在售后服务上表现出色。作为销售人员，也许你已经完成了整个销售程序，到了客户即将签约的时候了，到了这个时候，这个客户可以说是已经被你说服了。但是，当你获得一张签了字的订货单，这不过是表示你完成了销售的初步工作而已。从此以后，你公司中处理这笔交易的人员，不论是你自己，还是一位助理销售人员，或是一位修理师，就开始了一个冗长的连续性的销售工作，他们需要的时间不会比你和这一客户谈生意时所需要的时间少。只要你的产品的质量稍为差一点，或者服务稍不周到，客户就可能会中止与你的交易。换句话说，销售并不是仅仅收到订货单就算了事，就可以不管你的客户与产品日后的情况了。要记住，在销售工作完毕之后，你所需要发挥的工作精神，比在销售工作完毕之前还要多。

销售工作没有止境，第一次合作成功的时候正是创造下一次机会的最好时机，让每笔生意有个漂亮的收尾带给你的效益不亚于你重新开发一个新的客户。一位成功的销售人员要能够保持住自己的客户，要时时刻刻记住保持住一个老客户要比去物色两个新客户好得多。

小王是一家体育器材公司的销售人员，他的销售对象是住在豪华别墅里的那些有钱人。每天小王都很忙碌，不停地寻找新的客户，以致没有太多时间去处理老客户的问题。

一些买了体育器材的人，总是抱怨公司的服务太差，因为他们反映的问题，没有得到小王的重视，更没有人给他们解决。

小王很勤奋，也很热情，他对每一个潜在客户都是彬彬有礼的，并留下名片，但他的业绩却直线下降。

正当小王迷惑不解的时候，他碰到了自己的同事——在另一个社区销售同样体育器材的小李。小李的客户单上的名字是满的。小王不解：自己不比他做的时间晚呀，自己也很勤奋呀，为什么他的客户群如此庞大？当得知小李每天三分之二的时间都是和老客户一起度过时，小王更加困惑了。

他不解地问小李："你大部分时间浪费在跟过去的老客户的交往中，你哪有那么多时间去开辟新的市场？你怎么会有这么多的客户呢？"

小李微微一笑："与老客户交流怎么能叫浪费时间呢？"

"他们买过一次你的体育器材，根本不会买第二次了嘛！"

"不错，大部分人是不会买第二套健身器材，但是他们的朋友会买第一套啊！当他们感到我的服务还不错的时候，他们会向亲朋好友推荐自己使用的体育器材，顺便也会推荐我啊！我的好多客户都是老客户推荐的呢！"

小李的话让小王陷入了沉思，看来自己是要改改以前的销售观念了。

在现实生活中，有很多销售人员都在犯和小王一样的错误，认为很多交易都是一次性的，因此一味地追求成交，而忽视或省略了售后的跟踪和服务。开发新客户固然重要，但使已成交的老客户满意并持续消费，愿意推荐新客户更为重要。有一句话是这样说的：如果你不愿意服务你的客户，你的竞争对手乐意代劳！

有专家统计，成交一个老客户的难度是新客户的1/7，老客户可以减少获取信赖的时间，他们甚至可以当销售人员的推荐者。这是一个庞大的数字，想想销售人员在搞定一个新客户的时候，可以服务于7个老客户。而每个客户一生需要买很多东西，要买的东西的数量也是很惊人的。可见，维护好一个老客户，其背后的效益有多惊人。还有一个数据：所有成功的销售人员5年后成交的客户80%是老客户，10年之后几乎100%成交的是老客户。这个数据告诉给销售人员，只要你在这个行业里成就自己，拥有老客户，就是一生的财富！